KARMA
A JUSTIÇA INFALÍVEL

OBRAS DE SUA DIVINA GRAÇA
A.C. BHAKTIVEDANTA SWAMI PRABHUPĀDA

O *Bhagavad-gītā* Como Ele É
Śrīmad-Bhāgavatam (19 volumes)
Śrī Caitanya-caritāmṛta (7 volumes)
Kṛṣṇa, a Suprema Personalidade de Deus
O Néctar da Devoção
O Néctar da Instrução
Śrī Īśopaniṣad
Luz do Bhāgavata
Nārada-bhakti-sūtra
Espiritualismo Dialético
Fácil Viagem a Outros Planetas
Ensinamentos do Senhor Kapila, o Filho de Devahūti
Ensinamentos da Rainha Kuntī
Ensinamentos de Prahlāda Mahārāja
Kṛṣṇa, o Reservatório de Prazer
A Ciência da Autorrealização
Perguntas Perfeitas, Respostas Perfeitas
A Vida Vem da Vida
O Caminho da Perfeição
Além do Nascimento e da Morte
Meditação e Superconsciência
Karma, a Justiça Infalível
Um Presente Inigualável
A Perfeição da Yoga
A Caminho de Kṛṣṇa
Rāja-vidyā: o Rei do Conhecimento
Elevação à Consciência de Kṛṣṇa
Uma Segunda Chance
Civilização e Transcendência
Vida Simples, Pensamento Elevado
Revista: Volta ao Supremo (Fundador)

KARMA
A JUSTIÇA INFALÍVEL

por
Sua Divina Graça
A.C. Bhaktivedanta Swami Prabhupāda
Ācārya-Fundador da Sociedade Internacional para a Consciência de Krishna

THE
BHAKTIVEDANTA
BOOK TRUST

Los Angeles • Londres • Estocolmo • Bombaim • São Paulo • Hong Kong • Sidney

Conselho Editorial:
Nṛsiṁhānanda Dāsa (Leopoldo Lusquino).
Rādhānātha Dāsa (Robson Chaves).
Lokasākṣī Dāsa (Lucio Valera).

Editor: Bhagavān Dāsa (Thiago Costa Braga).

Revisão: Nṛsiṁhānanda Dāsa (Leopoldo Lusquino).

Capa e arte final: Nārada Muni Dāsa (Mateus Dias).

Diagramação: Jeferson Rocha.

ISBN: 978-85-69942-09-2

THE BHAKTIVEDANTA BOOK TRUST

© 2016 Bhaktivedanta Book Trust Brazil
Rua Estados Unidos, 340, Bela Vista - Pindamonhangaba - SP - Brasil
(12) 3522-8148 - www.bbt.org.br

Visite-nos na internet:
www.bbt.org.br   www.sankirtana.com.br
www.harekrishna.com.br   www.voltaaosupremo.com

Sumário

Introdução

Este livro é uma seleção de conferências e palestras de Sua Divina Graça A.C. Bhaktivedanta Swami Prabhupāda, relacionadas à lei do *karma*, que é um dos princípios básicos no processo da consciência de Kṛṣṇa.

Embora este processo fosse desconhecido no Ocidente há muitos anos, na verdade ele não é novo. Sua origem remonta a milhares de anos atrás na antiga Índia, o berço do misticismo e da espiritualidade humana. Lá, grandes sábios, místicos e pessoas interessadas na vida espiritual puderam, através de todas as épocas, alcançar a perfeição mais elevada, seguindo os princípios desta cultura.

Sem levar o homem a uma espiritualidade fanática ou barata, este processo ensina-nos a viver uma vida ideal, repleta de boas qualidades espirituais e complementada por um enorme caudal de conhecimento filosófico acerca do Absoluto, da renúncia, da vida eterna, etc., o que proporciona uma vida feliz, iluminada por grande paz interior. Isto é, evidentemente, muito diferente da vida que leva o dito homem educado e civilizado, que se sente muito orgulhoso de viver cheio de ansiedades e desejos ilimitados, apegando-se aos costumes e hábitos mais degradados e sem nenhum conhecimento verdadeiro do objetivo e das conquistas da vida humana. Na realidade, uma vida carente de espiritualidade genuína é como a vida de um peixe fora d'água, pois ninguém pode ser feliz sem vida espiritual.

As bases filosóficas do método da consciência de Kṛṣṇa encontram-se nas escrituras chamadas *Vedas*, que são o conhecimento revelado mais antigo que existe. Estes *Vedas* foram recompilados há cinco mil anos pelo grande Vyāsadeva, a encarnação literária de Deus, e abrangem todos os aspectos da vida humana, bem como todas as variedades de conhecimento que os homens podem obter.

Estes ensinamentos chegaram até nós através do sistema de sucessão discipular, que começa com o próprio Śrī Kṛṣṇa, e chegaram pela primeira vez ao Ocidente sob a forma desta Sociedade Internacional da Consciência de Krishna. Este processo é muito diferente dos outros sistemas de *yoga* e meditação, nos quais os falsos messias têm fabricado ensinamentos e técnicas ao gosto do consumidor, buscando o dinheiro e a atenção de um público ignorante e fácil de ser enganado.

Este livro é uma introdução ao que é o sistema da consciência de Kṛṣṇa. Convidamos o leitor a continuar seu próprio caminho, estudando profundamente estes ensinamentos com um critério amplo. O leitor poderá se corresponder conosco ou visitar o centro Hare Kṛṣṇa mais próximo de sua casa, onde porderá conhecer nossas outras obras e aprender como aplicar esta filosofia em sua própria vida.

Hare Kṛṣṇa

- 1 -
A Autoridade Infalível

A Autoridade Infalível

Este movimento da consciência de Kṛṣṇa tem por objetivo levar todas as entidades vivas de volta a seu estado original de consciência. Todas as entidades vivas que estão no mundo material padecem de tipos de loucura de diferentes graus. Este movimento da consciência de Kṛṣṇa deseja curar o homem de sua doença material e restabelecer seu estado de consciência original.

Num poema bengali, um grande poeta vaiṣṇava escreveu: "Quando uma pessoa está possuída por fantasmas, só pode falar tolices. Da mesma forma, todo aquele que estiver sob a influência da natureza material deve ser considerado possuído por espíritos, e tudo que ele falar deve ser considerado uma tolice." Pode ser que uma pessoa seja considerada um grande filósofo ou cientista, mas se está possuída pelo fantasma de *māyā*, a ilusão, tudo que ela teorizar e falar será mais ou menos um absurdo. Uma vez nos foi dado o exemplo de um psiquiatra que, quando lhe pediram que examinasse um assassino, declarou que todos os pacientes que ele havia tratado estavam mais ou menos loucos, e que o tribunal, tomando isto por base, poderia absolver o assassino, caso assim o desejasse. Isto significa que no mundo material é muito difícil encontrar uma entidade viva sã, e toda a atmosfera de loucura que impera neste mundo se deve à infecção da consciência material.

O propósito do movimento da consciência de Kṛṣṇa é levar o homem de volta a seu estado de consciência original, que é a consciência de Kṛṣṇa, ou consciência pura. Quando a chuva cai das nuvens, a água não está contaminada, ela é como água destilada; mas tão logo toque o solo, ela fica suja e turva. Da mesma forma, somos originalmente almas espirituais puras, partes integrantes de Kṛṣṇa, e, em vista disso, nossa posição constitucional e original é tão pura quanto a de Deus. Na *Bhagavad-gītā* (15.7), Śrī Kṛṣṇa diz: "As entidades vivas neste mundo condicionado são Minhas partes fragmentárias e são eternas. Mas, devido à vida condicionada, estão lutando arduamente com seus seis sentidos, entre os quais se encontra a mente."

Dessa maneira, todas as entidades vivas são partes integrantes de Kṛṣṇa. Ao falarmos de Kṛṣṇa, devemos nos lembrar que estamos falando de Deus, chamando a Suprema Personalidade de Deus de Kṛṣṇa, pelo fato de Ele ser todo-atrativo. Assim como um fragmento de ouro é qualitativamente igual à mina de ouro, do mesmo modo, as partículas diminutas do corpo de Kṛṣṇa são qualitativamente iguais a Kṛṣṇa. A composição química do corpo de Deus e do corpo espiritual eterno da entidade viva é a mesma: espiritual. Assim, em nossa condição não contaminada original, possuímos uma forma igual à de Deus, mas tal como a chuva cai no solo, similarmente nós entramos em contato com este mundo material, que é controlado pela energia material e externa de Kṛṣṇa.

Quando falamos de energia externa ou natureza material, pode surgir a pergunta: "De quem é a energia? De quem é a natureza?" A energia material, ou a natureza, não age independentemente. Este conceito de que a natureza é independente é falso. Na *Bhagavad-gītā* se afirma claramente que a natureza material não funciona independentemente. Quando um tolo vê uma máquina, pode ser que pense que ela funciona automaticamente, mas na realidade não é assim; existe um mecânico, alguém que cuida dela e a controla. No entanto, às vezes, devido à nossa visão defeituosa, não podemos ver este controlador que opera a máquina. Existem muitos mecanismos eletrônicos que funcionam de um modo maravilhoso, mas, por trás destes sistemas complexos, está o cientista que aperta o botão. Isto é muito fácil de entender: visto que a máquina é feita de matéria, ela não pode funcionar por si mesma, ela tem de operar sob uma orientação espiritual. Um gravador digital funciona, mas funciona de acordo com as instruções e o controle de um ser vivo, um ser humano. A máquina está completa, mas, a menos que seja controlada por uma alma espiritual, não pode funcionar. Da mesma forma, devemos entender que esta manifestação cósmica que chamamos de natureza é uma grande máquina, e que por trás desta máquina está Deus, Kṛṣṇa. Isto também é declarado na *Bhagavad-gītā* (9.10), quando Kṛṣṇa diz: "Esta natureza material age de acordo com Minha direção, ó filho de Kuntī, e produz todos os seres móveis e inertes; e por sua ordem, esta manifestação é criada e aniquilada repetidamente." Assim, Kṛṣṇa diz que a natureza material age de acordo com Sua ordem. Pode-se dizer, então, que por trás de tudo existe um controlador supremo. A civilização moderna não entende isto, devido à falta de conhecimento. Portanto, o propósito deste movimento da consciência de Kṛṣṇa é iluminar todas as pessoas que estão enlouquecidas pela influência dos três modos da natureza material. Em outras palavras, nosso objetivo é fazer com que a humanidade desperte e alcance sua condição normal.

Há muitas universidades, especialmente nos Estados Unidos, e muitos departamentos de estudo, mas em nenhum deles esses assuntos são estudados. Onde está o departamento que trata deste conhecimento que encontramos na *Bhagavad-gītā* falada por Śrī Kṛṣṇa? Quando palestrei no Instituto de Tecnologia de Massachussets para alguns estudantes e membros da faculdade, a primeira pergunta que fiz foi: "Onde está o departamento tecnológico que investiga a diferença que existe entre um homem vivo e um homem morto?" Quando um homem morre algo se perde. Onde está a tecnologia que pode devolver o que foi perdido? Por que os cientistas não tentam resolver este problema? Porque se trata de um assunto muito difícil, eles o deixam de lado e se ocupam incansavelmente na tecnologia que tenta aperfeiçoar as atividades de comer, dormir, fazer sexo e se defender. Mas a literatura védica nos informa que isto é tecnologia animal. Os animais também estão se ocupando o melhor que podem em comer bem, ter vida sexual agradável, dormir com tranquilidade e proteger-se. Qual é, então, a diferença entre o conhecimento humano e o dos animais? A resposta é que o conhecimento do homem deve ser desenvolvido para explorar esta diferença entre um homem vivo e um morto, um corpo vivo e um corpo morto.

Este conhecimento espiritual foi transmitido por Kṛṣṇa a Arjuna no começo da *Bhagavad-gītā*. Por ser amigo de Kṛṣṇa, Arjuna era um homem muito inteligente; mas seu conhecimento, assim como o de todos os homens, era limitado. Não obstante, Kṛṣṇa falou sobre assuntos que estavam além do conhecimento finito de Arjuna. Estes assuntos chamam-se *adhokṣaja*, pois nossa percepção direta, por meio da qual adquirimos conhecimento material, não pode captá-los. Por exemplo, temos microscópios muito potentes para ver aquilo que não podemos ver a olho nu; mas não existe nenhum microscópio que possa nos mostrar a alma que está dentro do corpo. Todavia, a alma está ali.

A *Bhagavad-gītā* nos informa que o corpo tem um proprietário: a alma espiritual. Eu sou o proprietário do meu corpo, e as outras almas são proprietárias de seus respectivos corpos respectivos. Eu digo "minha mão", mas não digo "eu, a mão." Como é "minha mão", a mão é minha porque sou seu proprietário. De modo semelhante, dizemos: "meu olho", "minha perna", "meu isto e meu aquilo." Entre todos estes objetos que me pertencem, onde estou eu?

A busca da resposta para esta pergunta constitui o processo da meditação. Na verdadeira meditação fazemos as perguntas: "Onde estou? Quem sou eu?" Não podemos responder a essas perguntas mediante esforços materiais, e, por isso, todas as universidades estão deixando essas perguntas de lado. Eles dizem: "É um assunto muito complexo." Ou ignoram o assunto, dizendo: "Não tem importância."

Os engenheiros voltam sua atenção para aperfeiçoar a carruagem sem cavalos e o pássaro sem asas. Antigamente, os cavalos puxavam os veículos e não havia poluição do ar, mas agora existem automóveis e foguetes e os cientistas têm muito orgulho disto: "Inventamos carros que não precisam de cavalos e pássaros que não precisam de asas", gabam-se eles orgulhosamente. Mesmo que inventem asas de imitação para o avião, eles não podem inventar um corpo sem alma. Quando forem capazes de realizar isto, merecerão todas as honras. Mas este projeto está fadado ao fracasso, pois sabemos que não existe nenhuma máquina que funcione sem uma alma espiritual que a opere. Da mesma forma, devemos saber que esta grande engrenagem conhecida como a manifestação cósmica é controlada e manejada por um espírito supremo. Este espírito supremo é Kṛṣṇa. Os cientistas buscam a causa fundamental ou o controlador máximo deste universo material, e para isto postulam diferentes teorias e proposições; mas o verdadeiro meio de conseguir conhecimento é muito fácil e perfeito; temos apenas de ouvir a pessoa perfeita, Kṛṣṇa. Por aceitar o conhecimento dado no *Bhagavad-gītā*, qualquer pessoa poderá entender de imediato que esta grande máquina cósmica, da qual a Terra é apenas uma parte, está funcionando tão maravilhosamente porque há um mecânico por trás dela: Kṛṣṇa.

Nosso processo para adquirir conhecimento é muito fácil. A instrução de Kṛṣṇa sob a forma da *Bhagavad-gītā* constitui o livro principal de conhecimento, que foi dado pelo próprio *ādi-puruṣa*, a Pessoa Primordial e Suprema, a Suprema Personalidade de Deus. Ele é indubitavelmente a pessoa perfeita. Pode-se argumentar que, embora tenhamos aceitado Kṛṣṇa como a pessoa perfeita, muitas pessoas não pensam assim. Mas não se deve pensar que esta aceitação é feita por capricho; aceita-se Kṛṣṇa como a pessoa perfeita com base no testemunho de muitas autoridades. Não aceitamos Kṛṣṇa como a pessoa perfeita baseados simplesmente em nossos caprichos ou sentimentos. Não. Kṛṣṇa é aceito como Deus por muitas autoridades védicas, tais como Vyāsadeva, o autor de todos os textos védicos. O maior manancial de conhecimento se encontra nos *Vedas*, e seu autor, Vyāsadeva, aceita Kṛṣṇa como a Suprema Personalidade de Deus; Nārada, o mestre espiritual de Vyāsadeva, também aceita Kṛṣṇa como a Pessoa Suprema. E Brahmā, o mestre espiritual de Nārada, aceita Kṛṣṇa, não só como a Pessoa Suprema, mas também como o controlador supremo: *īśvaraḥ paramaḥ kṛṣṇaḥ:* "O controlador supremo é Kṛṣṇa."

Não há ninguém em toda a criação que possa dizer que não está sendo controlado. Todo mundo, por mais importante ou poderoso que seja, tem um controlador. Kṛṣṇa, entretanto, não tem controlador; por isso Ele é Deus. Ele é o controlador de todos, e não há ninguém superior a Ele, ninguém que compartilhe de Sua plataforma de controle absoluto. Pode ser que isto pareça estranho, já que hoje em dia existem tantos supostos deuses. Na verdade, os deuses tornaram-se muito baratos, são importados especialmente da Índia. As pessoas de outros países têm a boa fortuna de que em seus países não se fabricam deuses, mas na Índia se fabricam deuses praticamente todo dia. Ouvimos dizer com frequência que Deus vai a Los Angeles ou a Nova Iorque, e as pessoas se reúnem para recebê-lo, etc. Mas Kṛṣṇa não é esse tipo de Deus que se cria numa fábrica mística. Não. Ele não foi *feito* Deus... Ele *é* Deus.

Temos de saber, então, baseados na autoridade, que Deus, Kṛṣṇa, controla toda esta natureza material gigantesca, a manifestação cósmica, e que todas as autoridades védicas O aceitam. A aceitação da autoridade não é algo novo para nós; todos nós aceitamos alguma autoridade de uma forma ou outra. Para receber educação nos dirigimos a um professor ou a um colégio, ou simplesmente aprendemos de nosso pai e de nossa mãe. Todos eles são autoridades, e nossa natureza nos leva a aprender com eles. Em nossa infância costumávamos perguntar: "Papai, que é isto?" e papai respondia: "Uma mesa." Desta forma, desde o começo de sua vida, a criança aprende de seu pai e de sua mãe. Ela aprende os nomes das coisas e as relações básicas de uma coisa com outra, indagando de seus pais. Um bom pai e uma boa mãe nunca mentem quando seu filho faz perguntas; eles dão a informação exata e correta. Semelhantemente, se obtemos informação espiritual dos lábios de uma autoridade que não é enganadora, então nosso conhecimento é perfeito. Mas se tentarmos chegar a conclusões por meio de nossa própria capacidade especulativa, estaremos sujeitos a cometer erros. O processo indutivo, por meio do qual se chega a uma conclusão geral a partir de fatos particulares ou casos individuais, nunca é um processo perfeito. Por sermos limitados e nossa experiência também ser limitada, o processo indutivo de adquirir conhecimento sempre permanecerá imperfeito.

Mas se recebemos informação da fonte perfeita, Kṛṣṇa, e se repetimos esta mesma informação, então o que falamos também pode ser aceito como perfeito e autorizado. Este processo de *paramparā*, ou sucessão discipular, consiste em ouvir de Kṛṣṇa ou das autoridades que aceitam Kṛṣṇa, e repetir exatamente o que elas disseram. Na *Bhagavad-gītā* (4.2), Kṛṣṇa recomenda este processo para adquirir conhecimento: *evaṁ paramparā-prāptam, imaṁ rājarṣayo viduḥ,* "Esta ciência suprema foi assim recebida através da corrente de sucessão discipular e os reis santos compreenderam-na desta maneira."

Em outras épocas, o conhecimento era transmitido por grandes reis santos que eram as autoridades no assunto. Nas eras passadas, contudo, estes reis eram *ṛṣis* — grandes eruditos e devotos — e, como não eram homens comuns, o governo que dirigiam funcionava perfeitamente. Na civilização védica existem muitos exemplos de reis que alcançaram a perfeição como devotos de Deus. Por exemplo, Dhruva Mahārāja foi para a floresta em busca de Deus, e, mediante a execução de austeridades e penitências severas, encontrou Deus em seis meses.

O processo da consciência de Kṛṣṇa também é baseado na austeridade, mas não é algo difícil. Existem restrições que regulam o comer e a vida sexual (só se come *prasāda*, comida oferecida primeiramente a Kṛṣṇa, e a vida sexual é restrita ao casamento), e há outras regulações que facilitam e incrementam a compreensão espiritual. Atualmente, não é possível imitar Dhruva Mahārāja, mas, seguindo certos princípios védicos básicos, podemos avançar no desenvolvimento da consciência espiritual, ou consciência de Kṛṣṇa. À medida que avançamos, vamos aperfeiçoando nosso conhecimento. De que vale uma pessoa ser um filósofo ou um cientista se ela não pode nem mesmo dizer como será sua próxima vida? Um estudante iluminado com consciência de Kṛṣṇa pode dizer mui facilmente como será sua próxima vida, como é Deus, o que é a entidade viva e qual é sua relação com Deus. Seu conhecimento é perfeito, já que provém de livros de conhecimento perfeitos, tais como o *Bhagavad-gītā* e o *Śrīmad-Bhāgavatam*.

Este é, então, o processo de cultivo da consciência de Kṛṣṇa. É muito simples, e qualquer pessoa pode adotá-lo e tornar sua vida perfeita. Se alguém dissesse: "Não tenho nenhuma educação e não sei ler", ainda assim não estaria incapacitado. Ele poderia aperfeiçoar sua vida simplesmente cantando o *mahā-mantra:* Hare Kṛṣṇa, Hare Kṛṣṇa, Kṛṣṇa Kṛṣṇa, Hare Hare/ Hare Rāma, Hare Rāma, Rāma Rāma, Hare Hare. Kṛṣṇa nos deu língua e ouvidos, e talvez nos surpreendamos ao saber que Kṛṣṇa Se revela através dos ouvidos e da língua, e não através dos olhos. Por ouvir Sua mensagem aprendemos a controlar a língua, e, uma vez que a língua estiver controlada, os outros sentidos a seguem. De todos os sentidos, a língua é o mais voraz e difícil de controlar, mas podemos controlá-la simplesmente cantando Hare Kṛṣṇa e saboreando *prasāda* de Kṛṣṇa, comida oferecida a Kṛṣṇa.

Não podemos compreender Kṛṣṇa por meio da percepção sensorial nem através da especulação. Isso não é possível, pois Kṛṣṇa é tão grandioso que está além do alcance dos nossos sentidos. Mas Ele pode ser compreendido por meio da rendição. Por conseguinte, Kṛṣṇa nos recomenda este processo: "Abandone todas as variedades de religião e simplesmente renda-se a Mim; em troca, Eu te protegerei de todas as reações pecaminosas. Não tema." (Bg. 18.66)

Infelizmente, nossa enfermidade consiste em que somos rebeldes; automaticamente nos rebelamos contra a autoridade. Mas, apesar de dizermos que não queremos autoridade, a natureza é tão forte que impõe sua autoridade sobre nós. Somos forçados a aceitar a autoridade da natureza. Existe algo mais patético do que um homem que diz não prestar contas a nenhuma autoridade, mas que segue seus sentidos cegamente, aonde quer que eles o levem? Nossa falsa idéia de independência é simplesmente um disparate. Todos estamos sob a autoridade, todavia, dizemos que não queremos autoridade. Isto se chama *māyā*, ilusão. Sem dúvida, temos alguma independência — podemos escolher entre estar sob a autoridade de nossos sentidos ou sob a autoridade de Kṛṣṇa. A melhor autoridade, a autoridade suprema, é Kṛṣṇa, pois Ele é nosso eterno benquerente e sempre fala para nosso benefício. Já que temos de aceitar uma autoridade, por que não aceitar a dEle? Simplesmente por ouvir falar em Suas glórias, apresentadas na *Bhagavad-gītā* e no *Śrīmad-Bhāgavatam*, e por cantar Seus nomes — Hare Kṛṣṇa —podemos aperfeiçoar nossas vidas rapidamente.

- 2 -

A Testemunha Infalível

A Testemunha Infalível

O tema que vamos tratar agora é o mais sublime: a glorificação do santo nome de Deus. Isto foi discutido por Mahārāja Parīkṣit e Śukadeva Gosvāmī, em relação a um *brāhmaṇa* que estava muito caído e viciado em todo tipo de atividades pecaminosas, mas que foi salvo simplesmente por cantar o santo nome de Kṛṣṇa. Este episódio se encontra no Sexto Canto do *Śrīmad-Bhāgavatam*.

Os sistemas planetários do Universo são muito bem descritos no Quinto Canto do *Śrīmad-Bhāgavatam*. Dentro do Universo existem certos planetas que são infernais. Na verdade, não só no *Bhāgavatam*, mas em todas as escrituras religiosas há descrições do céu e do inferno. No *Śrīmad-Bhāgavatam* se indica onde estão esses planetas infernais e a que distância estão deste planeta, da mesma maneira que uma pessoa pode receber informações da astronomia moderna. Os astrônomos calcularam a distância que há entre aqui e a Lua, e a distância entre a Terra e o Sol; de forma semelhante, no *Bhāgavatam* há descrições dos planetas infernais.

Mesmo neste planeta experimentamos diferentes condições atmosféricas. Nos países ocidentais próximos ao Pólo Norte, o clima é diferente do da Índia, que se encontra perto do equador. Assim como há diferenças na atmosfera e nas condições de vida neste planeta, da mesma maneira existem muitos planetas que possuem diferentes atmosferas e condições de vida.

Após ouvir a descrição dos planetas infernais dada por Śukadeva Gosvāmī, Parīkṣit Mahārāja disse:

adhuneha mahā-bhāga
yathaiva narakān naraḥ
nānogra-yātanān neyāt
tan me vyākhyātum arhasi

"Senhor, ouvi Você falar sobre os planetas infernais. Os homens muito pecaminosos são enviados a tais planetas." (*SB* 6.1.6) Parīkṣit Mahārāja é um vaiṣṇava (devoto), e o vaiṣṇava sempre sente compaixão pela aflição e sofrimento de seus semelhantes. Ele fica muito aflito com o sofrimento dos outros. Quando o Senhor Jesus Cristo apareceu, por exemplo, estava sumamente entristecido pelas condições de sofrimento em que as pessoas se encontravam. Todos os vaiṣṇavas, ou devotos — qualquer pessoa consciente de Deus, ou consciente de Kṛṣṇa — são assim compassivos, seja qual for o país ou religião a que pertençam. Portanto, blasfemar um vaiṣṇava, um pregador das glórias de Deus, é uma grande ofensa.

Kṛṣṇa, Deus, nunca tolera as ofensas cometidas aos pés de lótus de um vaiṣṇava puro. Contudo, o vaiṣṇava está sempre pronto a perdoar tais ofensas. *Kṛpāmbudhi:* o vaiṣṇava é um oceano de misericórdia. *Vāñchā-kalpa-taru:* todo mundo tem desejos, mas o vaiṣṇava pode satisfazer todos os desejos. *Kalpa-taru* significa "árvore-dos-desejos." Existe uma árvore no mundo espiritual que se chama "árvore-dos-desejos." Neste mundo material, da mangueira só se pode obter manga, mas, em Kṛṣṇaloka, assim como em todos os planetas espirituais ou Vaikuṇṭhas, todas as árvores são espirituais e satisfazem todos os nossos desejos. Isso é descrito no *Brahma-samhitā: cintāmaṇi prakara-sadmasu kalpa-vṛkṣa*

O vaiṣṇava recebe o nome *mahā-bhāga*, que significa "afortunado." Aquele que se torna um vaiṣṇava e que é consciente de Deus é sumamente afortunado.

Caitanya Mahāprabhu explicou que as entidades vivas vagueiam em diferentes espécies de vida, em diferentes sistemas planetários por todas as partes do Universo. A entidade viva pode ir a qualquer parte — ao inferno e ao céu — como queira e como se prepare. Existem muitos planetas celestiais, muitos planetas infernais e muitas espécies de vida. Existem 8.400.000 espécies de vida. A entidade viva vaga, errando através dessas espécies e criando corpos conforme a mentalidade que possui na vida presente. "Cada um colhe aquilo que semeia" — essa é a lei que rege esta situação.

Caitanya Mahāprabhu diz que dentre todas essas inúmeras entidades vivas que viajam pelo mundo material, uma é afortunada, não todas. Se todas fossem afortunadas, todas teriam iniciado o cultivo da consciência de Kṛṣṇa. O conhecimento sobre Kṛṣṇa está sendo distribuído livremente em todas as partes. Mas por que as pessoas não o aceitam? Porque são desafortunadas. Por isso, Caitanya Mahāprabhu diz que só aqueles que são afortunados se ocupam neste processo da consciência de Kṛṣṇa e atingem uma vida agradável, feliz e plena de conhecimento.

É dever do vaiṣṇava ir de porta em porta para tentar fazer com que as pessoas desafortunadas se tornem afortunadas. O vaiṣṇava pensa: "Como essas pessoas podem ser salvas de sua vida infernal?" Esta foi a pergunta de Parkṣit Mahārāja. "Senhor", disse ele, "Você me disse que, devido às atividades pecaminosas de uma pessoa, ela é colocada numa condição de vida infernal ou em um sistema planetário infernal. Pois bem, quais são os métodos purificatórios pelos quais tais pessoas podem se salvar?" Esta é uma pergunta muito importante. Quando um vaiṣṇava vem, quando o próprio Deus vem, quando o filho de Deus vem ou Seus devotos muito íntimos vêm, sua única missão consiste em salvar os pecadores que estão sofrendo. Eles sabem como fazê-lo.

Ao se encontrar com o Senhor Nṛsimhadeva, Prahlāda Mahārāja disse: "Meu querido Senhor, não estou muito ansioso acerca de minha própria liberação." (*SB* 7.9.43) Os filósofos māyāvādīs preocupam-se muito em que sua própria salvação não seja interrompida. Eles pensam: "Se eu for pregar terei de me associar com outras pessoas e pode ser que eu caia, e então toda a minha iluminação desaparecerá." Por isso eles não vêm pregar. Só os vaiṣṇavas vêm, com o risco de cair — mas não caem. Eles podem até mesmo ir ao inferno para libertar as almas condicionadas. Esta é a missão de Prahlāda Mahārāja. Ele diz: "Não me preocupo muito em ter de viver neste mundo material."

Prahlāda Mahārāja também disse: "Eu não me preocupo por mim mesmo, pois de alguma maneira fui preparado para sempre estar consciente de Kṛṣṇa." Como ele está consciente de Kṛṣṇa, tem certeza de que em sua vida seguinte irá para Kṛṣṇa. A *Bhagavad-gītā* afirma que se a pessoa executar cuidadosamente os princípios reguladores do cultivo da consciência de Kṛṣṇa com toda a certeza alcançará o destino supremo em sua vida seguinte.

Prahlāda Mahārāja continua dizendo: "Para mim, só há uma fonte de ansiedade." Note bem que, apesar de não ter nenhuma ansiedade em relação a si próprio, ainda assim ele tinha ansiedades. Ele disse: "Fico angustiado por aquelas pessoas que não são conscientes de Kṛṣṇa. Essa é minha ansiedade. No que me diz respeito, não tenho ansiedades, mas estou pensando naqueles que não são conscientes de Kṛṣṇa." Por que não são conscientes de Kṛṣṇa? *Māyā-sukhāya bharam udvahato vimūḍhān.* Estes patifes criaram uma vida falsa em prol de uma felicidade temporária.

Māyā-sukhāya. Na verdade, isto é um fato. Temos uma civilização falsa. Todos os anos fabricam-se muitos automóveis e com este propósito tem-se que construir muitas estradas. Isso cria problemas e mais problemas. Por isso, *māyā-sukhāya,* felicidade ilusória; e, não obstante, estamos tentando ser felizes desta maneira. Estamos tentando criar alguma maneira de sermos felizes, mas isto só traz outros problemas adicionais.

Atualmente, existem muitos e muitos automóveis, mas isto não resolve nenhum problema. Automóveis foram fabricados para ajudar a resolver os problemas da vida, mas eu experimentei que isto tem criado mais problemas. Quando meu discípulo Dayānanda quis levar-me a um médico em Los Angeles, tive de sofrer o incômodo de viajar cinquenta quilômetros para que pudesse ser atendido.

Pode-se voar de Nova Iorque a Boston em uma hora, mas leva-se mais que isso apenas para chegar ao aeroporto. Esta situação chama-se *māyā-sukhāya. Māyā* significa "falso", "ilusório." Estamos tentando criar uma situação muito cômoda, mas acabamos criando outra situação incômoda. Assim funciona o mundo material. Se não nos sentirmos satisfeitos com as comodidades naturais oferecidas por Deus e pela natureza e desejarmos criar comodidades artificiais, então também teremos de criar algum incômodo. A maioria das pessoas não sabe disso. A maioria das pessoas pensa que está numa situação muito boa, mas na verdade está viajando oitenta quilômetros para ir ao trabalho ganhar a vida e mais oitenta para voltar. Devido a estas condições, Prahlāda Mahārāja diz que esses *vimūḍhas* — essas pessoas materialistas, esses patifes — criaram um fardo desnecessário para si próprios, somente para conseguir felicidade temporária. *Vimūḍhān, māyā-sukhāya bharam udvahato*. Portanto, na civilização védica se recomenda que a pessoa se liberte da vida material, adote *sannyāsa*, a ordem de vida renunciada e prossiga na vida espiritual sem absolutamente nenhuma angústia.

Se a pessoa pode cultivar a consciência de Kṛṣṇa na vida familiar isto é muito bom. Bhaktivinoda Ṭhākura era um chefe de família, um magistrado, e ainda assim executou serviço devocional muito bem. Dhruva Mahārāja e Prahlāda Mahārāja eram *gṛhasthas*, casados, mas foram treinados de tal maneira que mesmo casados não tiveram nenhuma interrupção no seu serviço. Portanto, Prahlāda Mahārāja disse: "Eu aprendi a arte de permanecer sempre consciente de Kṛṣṇa." Qual é esta arte? *Tvad-vīrya-gāyana-mahāmṛta-magna-cittaḥ*: simplesmente glorificar as atividades e os passatempos gloriosos do Senhor. *Vīrya* significa "muito heróico."

As atividades de Kṛṣṇa são heróicas. Vocês podem ler sobre elas no livro *Kṛṣṇa, a Suprema Personalidade de*

Deus. O nome de Kṛṣṇa, Sua forma, Suas atividades, Seus associados e todas as outras coisas relacionadas a Ele, são heróicas. Prahlāda Mahārāja disse em relação a isto: "Eu estou certo de que, aonde quer que eu vá, poderei sempre glorificar Suas atividades heróicas e assim estar a salvo. Não há nenhuma possibilidade de que eu caia. Mas, estou angustiado por essas pessoas que criaram um tipo de civilização em que estão sempre trabalhando tão arduamente. Estou pensando nelas."

Prahlāda disse também:

prāyeṇa deva munayaḥ sva-vimukti-kāmā
maunaṁ caranti vijane na parārtha-niṣṭhāḥ

naitām vihāya kṛpaṇān vimumukṣa eko
nānyaṁ tvadasya śaraṇaṁ bhramato 'nupaśye

"Meu querido Senhor, existem muitos sábios e pessoas santas que estão muito interessados em sua própria liberação." (*SB* 7.9.44) *Munayaḥ* significa "pessoas santas" ou "filósofos." *Prāyeṇa deva munayaḥ sva-vimukti-kāmāḥ:* eles estão muito preocupados com sua própria liberação. Eles procuram viver em lugares solitários, como os Himalaias, não falam com ninguém e sempre têm medo de se misturar com as pessoas comuns da cidade, achando que ficarão perturbados, ou que talvez caiam. Eles pensam: "Melhor que eu me salve."

Prahlāda Mahārāja lamenta que estes grandes santos não vão à cidade, onde as pessoas criaram uma civilização em que há trabalho muito árduo dia e noite. Esses santos não são muito compassivos, mas Prahlāda Mahārāja ficava muito preocupado com essas pessoas que estão trabalhando árdua mas desnecessariamente, só para o gozo dos sentidos.

Mesmo que haja alguma razão para trabalhar tão arduamente, ainda assim as pessoas não sabem qual é. Tudo o que conhecem é a vida sexual. Ou vão a um espetáculo de *strip-tease*, ou a um clube de nudistas ou a algum lugar semelhante. Prahlāda Mahārāja disse: *naitān vihāya kṛpaṇān vimumukṣa eko*, "Meu Senhor, não desejo salvação apenas para mim. A menos que eu leve todos estes patifes comigo, não irei." Ele se recusa a ir ao reino de Deus sem levar consigo todas essas almas caídas. Assim é o vaiṣṇava. *Nānyaṁ tvadasya śaraṇaṁ bhramato 'nupaśye:* "Meu único desejo é ensiná-los a como render-se a Você. Isso é tudo. Este é o meu objetivo."

O vaiṣṇava sabe que tão logo uma pessoa se rende, seu caminho se abre. *Naivodvije para duratyaya-vaitaraṇyās tvad-vīrya-gāyana-mahāmṛ ta-magna-cittaḥ:* "De uma maneira ou outra, que eles se prostrem ante Kṛṣṇa." Este é um método muito simples. Tudo que temos de fazer é prostrar-nos ante Kṛṣṇa com fé, e dizer: "Meu Senhor Kṛṣṇa, por muito tempo, por vidas a fio, estive esquecido de Você. Agora tomei consciência de Você. Por favor, aceite-me."

Isso é tudo. Se alguém simplesmente aprende esta técnica e se rende sinceramente ao Senhor, seu caminho se abre imediatamente. Estes são os pensamentos filosóficos de um vaiṣṇava. O vaiṣṇava está sempre pensando de que maneira as almas condicionadas podem ser liberadas. Ele está sempre ocupado, elaborando planos deste tipo. Tome por exemplo os Gosvāmīs. Qual era a missão dos seis Gosvāmīs de Vṛndāvana, os discípulos diretos do Senhor Caitanya? Śrīnivāsa Ācārya nos dá a resposta: "Os seis Gosvāmīs, a saber, Śrī Rūpa Gosvāmī, Śrī Sanātana Gosvāmī, Śrī Raghunātha Bhaṭṭa Gosvāmī,

Śrī Raghunātha Dāsa Gosvāmī, Śrī Jīva Gosvāmī e Śrī Gopāla Bhaṭṭa Gosvāmī, são muito peritos em estudar minuciosamente as escrituras reveladas, com o propósito de estabelecer princípios religiosos eternos para o benefício de todos os seres humanos. Eles estão sempre absortos no humor das *gopīs*, e se dedicam ao transcendental serviço amoroso a Rādhā e Kṛṣṇa." (*Ṣaḍ-Gosvāmī-aṣṭaka* 2)

Com compaixão vaiṣṇava semelhante a esta, Parīkṣit Mahārāja disse a Śukadeva Gosvāmī: "Você descreveu os diferentes tipos de condições de vida infernal. Agora, diga-me como podem ser libertados aqueles que estão sofrendo. Por favor, explica-me este assunto."

> *adhuneha mahā-bhāga*
> *yathaiva narakān naraḥ*
> *nānogra-yātanān neyāt*
> *tan me vyākhyātum arhasi*

> (*SB* 6.1.6)

Nara significa seres humanos, ou aqueles que estão caídos. *Narakān naraḥ/ nānogra-yātanān neyāt tan me:* "Como podem ser libertados de sofrimentos tão atrozes e dores tão terríveis?" Assim é o coração do vaiṣṇava.

Mahārāja Parīkṣit disse: "De uma maneira ou outra eles caíram nesta vida infernal. Mas isto não significa que devam permanecer nesta condição. Deve haver algum meio pelo qual possam ser salvos. Assim sendo, por favor, explica-me como isto é possível."

Śukadeva Gosvāmī respondeu (*SB.* 6.1.7): "Sim, já descrevi os diferentes tipos de condições infernais típicos de uma vida muito dolorosa e severa, mas é preciso aprender a como neutralizar isso."

Como isto pode ser feito? As atividades pecaminosas são cometidas de diferentes formas. Podemos cometer uma atividade pecaminosa, ou planejar cometê-la ao pensar: "Matarei este homem." De qualquer maneira, é pecaminoso. Depois que a mente pensa, sente e deseja, surge a ação.

O código penal americano diz que se o cachorro de alguém late para outra pessoa na rua, isto é uma ofensa por parte do dono do cachorro. Ninguém deve ser assustado pelo latido de um cachorro e por isso cada um tem de cuidar muito bem do seu. O cachorro não é responsável, porque é um animal, mas devido a que o dono tomou o cão por seu melhor amigo, ele é responsável perante a lei. Se um cão estranho entra em sua casa, ele não pode ser morto, mas os donos podem ser denunciados e condenados.

Assim como o latido do cão é ilegal, semelhantemente, quando se diz algo ofensivo a outras pessoas, isso também é pecaminoso. É como latir. Portanto, as atividades pecaminosas são cometidas de muitíssimas maneiras. Pode ser que pensemos em atividades pecaminosas, ou que falemos algo pecaminoso ou que de fato realizemos algo pecaminoso; tudo isto é considerado atividade pecaminosa. Por conseguinte, tem-se que sofrer um castigo por essas atividades pecaminosas.

As pessoas não crêem na vida após a morte, porque querem evitar este problema. Mas não podemos evitá-lo. Devemos agir conforme a lei ou seremos punidos. Da mesma forma, não posso fugir da lei de Deus. Isto não é possível. Posso enganar os outros, roubar e me esconder, salvando-me assim do castigo da lei do Estado, mas não posso escapar de uma lei superior: a lei da natureza. É muito difícil. Existem muitas testemunhas. A luz do dia é testemunha, a luz da Lua é testemunha e Kṛṣṇa é a testemunha suprema. Não se pode dizer: "Estou cometendo este pecado, mas ninguém está me vendo."

Kṛṣṇa é a testemunha suprema, e Se encontra situado dentro do coração de cada um. Ele sabe o que cada um pensa ou faz. Ele também dá a facilidade para que as coisas possam ser feitas. Se alguém quer fazer algo para satisfazer seus sentidos, Kṛṣṇa dá a facilidade para esta atividade. Isto está declarado na *Bhagavad-gītā. Sarvasya cāhaṁ hṛdi sanniviṣṭaḥ:* "Eu estou situado no coração de todos." *Mattaḥ smṛtir jñānam apohanaṁ ca:* "De Mim vêm a lembrança, o conhecimento e o esquecimento."

Desta forma, Kṛṣṇa nos dá uma oportunidade. Se alguém deseja Kṛṣṇa, então Ele lhe dará oportunidade de conhecê-lO, e se alguém não deseja Kṛṣṇa, então Ele lhe dará oportunidade de esquecê-lO. Se alguém deseja desfrutar a vida esquecendo-se de Kṛṣṇa, esquecendo-se de Deus, então Kṛṣṇa lhe dará toda facilidade necessária para que a pessoa O esqueça, e se alguém deseja desfrutar a vida com consciência de Kṛṣṇa, então Kṛṣṇa lhe oferecerá a oportunidade de progredir no cultivo da consciência de Kṛṣṇa. Isto está nas mãos de cada um.

Se pensarmos que podemos ser felizes sem consciência de Kṛṣṇa, Kṛṣṇa não Se opõe a nós. Após aconselhar a Arjuna, Ele disse simplesmente: "Agora já lhe expliquei tudo. Você pode fazer o que desejar." Arjuna respondeu imediatamente: "Agora cumprirei Sua ordem." Isto é consciência de Kṛṣṇa

Deus não interfere em nossa pequena independência. Se alguém quiser agir de acordo com a ordem de Deus, Deus o ajudará a fazê-lo. Mesmo que às vezes caia, ainda assim, caso se torne sincero — "Deste momento em diante hei de permanecer consciente de Kṛṣṇa e cumprir Suas ordens" — então Kṛṣṇa certamente o ajudará. Sob todos os aspectos, mesmo que a pessoa caia, Ele a perdoará e dará mais inteligência. Esta inteligência dirá: "Não faça isto. Agora siga com seu dever." Entretanto, se alguém desejar esquecer Kṛṣṇa, se desejar ser feliz sem Kṛṣṇa, Ele proporcionará tantas oportunidades que essa pessoa se esquecerá de Kṛṣṇa vida após vida.

Parīkṣit Mahārāja diz aqui: "Não é por eu dizer que Deus não existe que então Deus não existirá e que eu não serei responsável pelo que faço." Esta é a teoria dos ateus. Os ateus não querem Deus porque estão sempre pecando; se eles aceitassem a existência de Deus, então se veriam forçados a estremecer ante a idéia do castigo. Em consequência disso, eles negam a existência de Deus. Este é o processo deles. Eles acham que se não aceitarem Deus, não haverá castigo e eles poderão fazer tudo que desejarem.

Quando os coelhos são atacados por animais maiores, eles fecham os olhos, pensando: "Não vou ser morto." Mas são mortos de qualquer maneira. De forma semelhante, pode ser que neguemos a existência de Deus e a lei de Deus, mas, ainda assim, Deus e Sua lei existem. Talvez alguém diga no Supremo Tribunal:

"Não me preocupo com a lei do governo", mas ele será forçado a aceitá-la.

Quem negar a lei estatal será preso e terá de sofrer. Da mesma maneira, pode ser que uma pessoa, por ignorância, censure a existência de Deus — "Deus não existe", "Eu sou Deus" — mas, apesar disso, ela será responsável por todas as suas ações, tanto boas quanto más.

Há dois tipos de atividades: as boas e as más. Se alguém age bem e executa atividades piedosas, recebe boa fortuna, e se age pecaminosamente, tem de sofrer.

Há diferentes tipos de expiação. Se alguém comete algum pecado e o anula com outra coisa, isto constitui expiação. Há exemplos disto na Bíblia. Śukadeva Gosvāmī diz: "Deves entender que és responsável pelo que fazes, e, segundo a gravidade da vida pecaminosa, deves aceitar algum tipo de expiação, como está descrito nos *śāstras*, as escrituras."

Na realidade, assim como o doente deve ir ao médico e pagar os honorários como uma forma de expiação, segundo o modo de vida védica há uma classe de *brāhmaṇas*, à qual devemos recorrer para buscar a expiação prescrita, de acordo com os pecados que tenhamos cometido.

Śukadeva Gosvāmī diz que temos de executar a penitência prescrita de acordo com a gravidade de nossa vida pecaminosa. Ele continua o exemplo, dizendo: *doṣasya dṛṣṭvā guru-lāghavaṁ yathā bhiṣak cikitseta rujāṁ nidāna-vit*. Quando a pessoa vai ao médico, este lhe prescreve um remédio caro ou barato, dependendo da gravidade da doença. Se ela só tem uma dor de cabeça, talvez o médico lhe prescreva uma aspirina, mas se tem algo grave, ele pode lhe indicar uma intervenção cirúrgica que custará milhares de dólares. Analogamente, a vida pecaminosa é uma condição doentia, e, portanto, deve-se seguir o tratamento prescrito para se recuperar a saúde.

A aceitação da cadeia de nascimentos e mortes é uma condição enferma da alma. A alma não nasce, nem fica doente, porque é espírito. Kṛṣṇa diz no *Bhagavad-gītā* (2.20): *na jāyate*, a alma não nasce, e *mriyate*, não morre. *Nityaḥ śāśvato 'yaṁ purāṇo/ na hanyate hanyamāne śarīre.* A alma é eterna; não se perde com a dissolução deste corpo. *Na hanyate* significa que não é morta nem destruída, nem sequer após a destruição do corpo.

O que está faltando na civilização moderna é um sistema educacional que oriente as pessoas no que se refere ao que ocorre após a morte. Atualmente, temos a educação mais defeituosa de todas, porque, sem este conhecimento do que ocorre após a morte, morre-se como um animal. O animal não sabe que vai ter outro corpo. Ele não tem este conhecimento.

O objetivo da vida humana não é que o homem se torne um animal. Não devemos estar interessados somente em comer, dormir, ter vida sexual e nos defender. Pode ser que alguém tenha ótimas facilidades para comer, ou ótimos apartamentos para dormir, ou ótimas oportunidades para a vida sexual, ou muita força defensiva para sua proteção, mas isto não significa que este alguém seja um ser humano. Este tipo de civilização constitui vida animal. Os animais também estão interessados em comer, dormir e fazer sexo, e também se defendem à sua própria maneira. Então, qual é a diferença entre a vida humana e a vida animal, se a pessoa só se dedica a estes quatro princípios de natureza corpórea?

A diferença surge quando um ser humano se torna inquisitivo: "Por que fui colocado nesta condição desoladora? Existe algum remédio? Existe uma vida eterna? Eu não quero morrer. Quero viver feliz e pacificamente. Há alguma oportunidade para isto? Qual é este método? Qual é esta ciência?" Quando estas perguntas se apresentam e se tomam medidas para respondê-las, isto é civilização humana; de outra forma, é civilização canina, civilização animal.

Os animais se satisfazem se podem comer, dormir, ter um pouco de sexo e defender-se. Na realidade, não existe defesa, pois ninguém pode proteger-se das mãos da morte cruel. Hiraṇyakaśipu, por exemplo, quis viver para sempre e por isso se submeteu a austeridades severas. Hoje em dia, pretensos cientistas estão dizendo que no futuro deteremos a morte mediante meios científicos. Esta é uma declaração demente. Isto não é possível. Pode ser que alguém progrida bastante em relação ao conhecimento científico, mas não existe nenhuma solução científica para estes quatro problemas: nascimento, morte, velhice e doença.

Alguém que seja inteligente anseia por resolver estes quatro problemas fundamentais. Ninguém quer morrer, mas não há remédio. Tem-se que morrer. Todos estão muito ansiosos por deter o crescimento populacional, mediante muitos métodos anticoncepcionais, mas, ainda assim, o nascimento continua. Assim é que não há como deter o nascimento. Pode ser que alguém invente remédios modernos mediante seus métodos científicos, mas ninguém pode deter as doenças. Não é possível tomar um comprimido que elimine todas as doenças.

Na *Bhagavad-gītā* se diz: *janma-mṛtyu-vyādhi-duḥkha-dosānu-darsanam*, alguém pode pensar que resolveu todos os problemas de sua vida, mas qual é a solução para estes quatro problemas: nascimento, morte, velhice e doença? Esta solução é o cultivo da consciência de Kṛṣṇa.

No mesmo livro, Kṛṣṇa diz também:

> *janma karma ca me divyam*
> *evaṁ yo vetti tattvataḥ*
> *tyaktvā dehaṁ punar janma*
> *naiti mām eti so 'rjuna*

(Bg. 4.9)

Cada um de nós está abandonando seu corpo gradualmente. A última fase deste abandono denomina-se morte. Mas Kṛṣṇa diz: "Se alguém compreender Meu aparecimento, desaparecimento e atividades — não superficialmente, mas de fato — após abandonar este corpo, nunca mais voltará a aceitar um corpo material."

Que acontece com essa pessoa? *Mām eti*: regressa a Kṛṣṇa. Se alguém quer ir até Kṛṣṇa, então tem de preparar seu corpo espiritual. Isto é consciência de Kṛṣṇa. Se nos mantivermos conscientes de Kṛṣṇa, gradualmente estaremos preparando nosso corpo seguinte, um corpo espiritual, o qual nos levará de imediato a Kṛṣṇaloka, a morada de Kṛṣṇa, e assim nos tornaremos felizes. Viveremos lá perpétua e alegremente.

- 3 -

Karma, a Lei da Natureza

Karma, a Lei da Natureza

Para anular a atividade pecaminosa, é necessária uma expiação proporcional a ela. Isto é o que as escrituras aconselham. Śukadeva Gosvāmī diz que se a pessoa executar a expiação antes da morte, em sua vida seguinte ela não cairá. Mas se ela não se purificar de suas atividades pecaminosas, levará consigo as ações resultantes e terá de sofrer. Segundo a lei, quem mata tem de ser morto. A idéia de "olho por olho, dente por dente" não é um conceito muito novo, e o encontramos no *Manu-saṁhitā*, o código védico de leis para a humanidade. Nele está dito que se o rei castiga o assassino, este se beneficia, porque se não for morto, levará consigo a reação do assassinato e terá de sofrer de muitíssimas maneiras.

As leis da natureza são muito sutis e são administradas muito corretamente, se bem que as pessoas não saibam disso. No *Manu-saṁhitā* se autoriza o conceito de "olho por olho, dente por dente", que, de fato, é respeitado em todas as partes do mundo. De forma semelhante, existem outras leis que ditam que uma pessoa não pode matar nem sequer uma formiga sem ser responsabilizada por isto. Como não podemos criar, não temos o direito de matar nenhuma entidade vida, e, por conseguinte, as leis feitas pelo homem, que distinguem entre matar um homem e matar um animal, são imperfeitas. Ao passo que existem defeitos nas leis humanas, não pode haver defeitos nas leis de Deus. Segundo as leis de Deus, matar um animal é tão condenável quanto matar um homem. Aqueles que fazem distinções entre estes dois casos estão inventando suas próprias leis. Até nos Dez Mandamentos se prescreve: "Não matarás." Esta é uma lei perfeita, mas ao especular e fazer discriminações, os homens a desvirtuam. "Não matarei o homem, mas os animais sim." Desta forma, as pessoas se enganam, e criam sofrimentos para si próprias e para os demais. De qualquer modo, contudo, as leis de Deus não desculparão este comportamento.

Todos são filhos de Deus, mesmo sob diferentes corpos e formas. Deus é considerado o pai supremo e único. Pode ser que um pai tenha muitos filhos, e que alguns deles sejam inteligentes e que outros não sejam tão inteligentes. Mas se um dos filhos inteligentes, diz ao pai: "Meu irmão não é muito inteligente, posso matá-lo?", o pai concordará com isso? O simples fato de um filho não ser muito inteligente e de outro desejar matá-lo para aliviar a carga nunca será razão para que o pai aprove o ato. Da mesma maneira, se Deus é o pai supremo, por que Ele haveria de permitir a matança dos animais, que também são Seus filhos? Na *Bhagavad-gītā* Deus declara a Arjuna que todos os seres vivos entre as 8.400.000 espécies de vida são Seus filhos: "Eu sou o pai que dá a semente", diz o Senhor. Assim como na procriação material comum o pai proporciona a semente e a mãe desenvolve o corpo mediante a alimentação necessária ao feto, da mesma forma, as entidades vivas, partes integrantes do pai supremo, são impregnadas pelo Senhor na natureza material.

A dimensão da alma espiritual é muito pequena, e nas escrituras se diz que é *keśāgra*, a décima milésima parte da ponta de um fio de cabelo. Dificilmente podemos imaginar um pontinho dividido em mil partes. Em outras palavras, alma é tão minúscula que não pode ser percebida nem sequer pelo mais poderoso dos microscópios. Assim sendo, a dimensão da centelha espiritual é tão pequena que é invisível para a visão mundana. Toda esta informação se encontra nas escrituras, contudo, devido ao fato de não possuirmos visão perfeita, não podemos ver. Mesmo que nossos olhos materiais não possam perceber a dimensão da alma, ela encontra-se dentro do corpo, e quando vai embora adquire outro corpo de acordo com seu trabalho.

Devemos sempre ter em mente que por trás de todas estas atividades existe um controle superior. A entidade viva trabalha no mundo material exatamente como o funcionário público: há uma folha de serviço, na qual se indica o trabalho realizado. A entidade viva não conhece a opinião de seu superior, não obstante, sua folha de serviço está guardada no escritório, e, conforme suas atividades, ela às vezes recebe uma promoção ou aumento de salário, ou, em alguns casos, é rebaixada a uma posição inferior ou pode até mesmo ser demitida. Analogamente, todas as nossas atividades têm testemunhas; por conseguinte, nas escrituras se diz que as entidades vivas se encontram sob o controle superior e que são recompensadas e castigadas conforme seu trabalho. Agora temos corpos humanos, mas na vida seguinte, talvez não os tenhamos mais, talvez tenhamos alguma outra coisa, melhor ou pior. O tipo de corpo a ser recebido pela entidade viva é determinado por seres superiores a ela. De um modo geral, a entidade viva não conhece a ciência de como a alma espiritual transmigra de um corpo a outro.

A alma espiritual transmigra até mesmo no transcurso de sua vida, à medida que o corpo muda. Quando o corpo se manifesta pela primeira vez no ventre da mãe, é muito pequeno, igual a um feijão, e gradualmente se desenvolvem os nove orifícios: dois olhos, dois ouvidos, duas fossas nasais, uma boca, um orifício genital e um anal. Assim, o corpo vai evoluindo e, enquanto necessitar do corpo da mãe para se desenvolver, permanece nele.

Quando já está suficientemente desenvolvido para sair, ele sai, e continua crescendo. O crescimento acarreta uma mudança no corpo. Nós não compreendemos esta mudança, pois ela é imperceptível para a entidade viva. Na infância, tínhamos corpos pequenos que já deixaram de existir; portanto, pode-se dizer que mudamos de corpos. Da mesma forma, em virtude da natureza das coisas materiais, teremos de mudar de corpo quando este deixar de funcionar. Tudo que é material se deteriora, e, tal qual uma máquina destruída ou um trapo velho, o corpo se torna inútil após certo período de tempo.

Embora este processo de crescimento esteja ocorrendo sempre, infelizmente o dito avançado sistema educacional das universidades modernas não o investiga. Na verdade, não existe educação se não há conhecimento espiritual. Podemos aprender a como ganhar o pão, como comer, dormir, fazer sexo, sem necessidade de uma educação formal. Os animais não estudam — não são técnicos e não têm grau universitário — mas também estão comendo, dormindo, defendendo-se e tendo relações sexuais. Se o sistema educacional só ensina como melhorar esses processos, não merece ser chamado de sistema educacional. A verdadeira educação nos capacita a entender o que somos. Enquanto o homem não desenvolver sua consciência mediante a compreensão da verdade sobre o ser, todas as suas ações serão executadas no plano do modo da ignorância. A vida humana tem por objetivo alcançar a vitória na conquista das leis da natureza material. De fato, estamos todos buscando esta vitória a fim de evitar as investidas da natureza material.

A vitória máxima consiste em conquistar o nascimento, a morte, as doenças e a velhice, mas temos omitido este ponto importantíssimo.

O sistema educacional melhoraria se tratasse da utilização correta de tudo que Deus está provendo. Todas as frutas e grãos que comemos nos são dados por Deus, que também provê alimento para as demais entidades vivas. No *Śrīmad-Bhāgavatam* (1.13.47) se declara: *jivo jīvasya jīvanam*, "uma entidade viva é alimento para outra." Os animais que não têm mãos são alimento para aqueles que as têm, tais como nós. Os animais sem patas são alimento para os animais de quatro patas. O pasto é uma entidade viva, mas não tem patas para se mover, e por isso é comido pelas vacas e outros animais. Este tipo de entidades imóveis é alimento para o tipo móvel, e, dessa maneira, o mundo vive numa luta constante entre os exploradores e os explorados.

O mais fraco é explorado pelo mais forte: esta é a lei da natureza. Tradicionalmente, os vaiṣṇavas, ou devotos de Kṛṣṇa, não comem carne. Eles fazem isto, não pela causa do vegetarianismo, mas sim para desenvolver a consciência de Deus.

Para poder desenvolver consciência de Deus algumas regras e regulações devem ser seguidas. É claro que é necessário comer, mas o que se propõe é que só se comam os restos do alimento oferecido a Kṛṣṇa. Esta também é a filosofia da *Bhagavad-gītā* (9.26), onde Kṛṣṇa diz: "Se alguém Me oferecer uma folha, uma flor, frutas ou água com amor e devoção, Eu as aceitarei." Não pense que Kṛṣṇa sente fome e está mendigando nossa comida. A finalidade deste oferecimento é criar uma relação amorosa entre quem oferece e Kṛṣṇa. Kṛṣṇa deseja esta relação: "Ama-Me e Eu te amarei."com Kṛṣṇa, restabelecemos nossa verdadeira relação com todos os outros seres. Esta é a base do verdadeiro amor universal. Como Kṛṣṇa é Deus, Sua energia cria e mantém tudo. Por que, então, teria Ele de mendigar uma folha, uma fruta ou um pouco d'água? Contudo, Ele Se sentirá muito satisfeito se Lhe oferecermos com amor uma fruta, um folha, ou água, dizendo: "Kṛṣṇa, sou tão pobre que tudo que consegui para Lhe oferecer foi esta fruta e esta folha. Por favor, tenha a bondade de aceitá-las.'' Um oferecimento deste tipo agradaria muito a Kṛṣṇa. Se Ele comer o que nós Lhe oferecemos, nossa vida será bem sucedida, pois, de fato, faremos amizade com Kṛṣṇa. Qualquer homem, pobre ou rico, pode conseguir e oferecer uma fruta, algumas flores e água, em qualquer parte do mundo. Devemos nos lembrar, porém, que não é vegetarianismo o que importa, e que Deus não sente falta de nada. O importante é que temos simplesmente que aprender a amar Kṛṣṇa.

O amor começa com este intercâmbio. Damos algo ao ser amado, ele nos dá algo, e dessa forma o amor se desenvolve. Numa relação amorosa com um rapaz ou uma moça, damos e recebemos. Assim, Kṛṣṇa nos está ensinando a dar e receber. Kṛṣṇa está nos pedindo: "Tente Me amar. Aprenda a Me amar. Ofereça-Me algo."

"Senhor", pode ser que digamos, "não tenho nada para dar."

"Como?! Não podes conseguir uma fruta, uma flor, uma folha ou um pouquinho d'água?"

"Ah! sim, por que não? Qualquer pessoa pode conseguir isso."

Então, este é o método da consciência de Kṛṣṇa, o qual nos permite fazer amizade com Kṛṣṇa. Podemos estabelecer inumeráveis relações com Kṛṣṇa. Podemos nos tornar servos diretos de Kṛṣṇa, ou nas fases superiores, podemos nos tornar pais, mães ou amantes de Kṛṣṇa.

Kṛṣṇa está disposto a estabelecer uma relação amorosa com todas as entidades vivas. Na verdade, esta relação já existe, pois Ele é o pai supremo e nós somos Suas partes integrantes. Como o filho é parte do corpo do pai, a relação entre eles não pode se romper; pode ser que seja esquecida por algum tempo, mas tão logo se reconheça o pai ou o filho, imediatamente o afeto se desenvolve.

Do mesmo modo, estamos eternamente relacionados com Kṛṣṇa, mas no momento atual, esta relação está simplesmente esquecida ou reprimida. Em consequência disso, pensamos que não temos nenhuma relação com Kṛṣṇa, mas isto não é certo. Como formamos um todo com Ele e somos Suas partes integrantes, nossa relação com Ele é eterna. Precisamos apenas revivê-la, e o processo para fazê-lo é o processo da consciência de Kṛṣṇa.

Atualmente nos encontramos sob o domínio de uma consciência diferente. Alguém pensa que é hindu, outro pensa que é americano, e outro mais pensa: "sou isso" ou "sou aquilo." Dessa maneira, criamos muitas identidades artificiais, mas nossa verdadeira identidade deveria ser: "Sou de Kṛṣṇa." Quando pensamos assim, pensamos com consciência de Kṛṣṇa. Só assim pode-se estabelecer um amor universal entre todas as entidades vivas. Kṛṣṇa Se relaciona com todos como o pai eterno, e, por conseguinte, quando estabelecemos uma relação consciente de Kṛṣṇa, relacionamo-nos com todo mundo. Quando alguém se casa, automaticamente estabelece uma relação com a família da esposa.

De forma semelhante, ao restabelecermos nossa relação com Kṛṣṇa, restabelecemos nossa verdadeira relação com todos os outros seres. Esta é a base do verdadeiro amor universal. O amor universal é artificial e não pode perdurar a menos que estabeleçamos nossa relação com o centro. Alguém é mexicano se nasce no México, e, sob este fundamento, outros mexicanos se tornam membros de sua família; mas se nasce em outro lugar, não tem nenhuma relação com os mexicanos. No plano mundano, todas as relações são relativas. Não obstante, nossa relação com Kṛṣṇa é eterna e não está sujeita ao tempo e às circunstâncias. Quando restabelecemos nossa relação com Kṛṣṇa, todos os problemas da fraternidade universal se resolvem, surgindo, então, justiça, paz e prosperidade. Sem Kṛṣṇa, não há nenhuma possibilidade de cristalizar estes ideais superiores. Se falta o ponto central, como pode haver fraternidade e paz?

Na *Bhagavad-gītā* se explica claramente a fórmula da paz. Precisamos entender que Kṛṣṇa é o único desfrutador. Essa consciência se desenvolve num templo consciente de Kṛṣṇa, onde o ponto central de todas as atividades é Kṛṣṇa. Tudo que se cozinha é para Kṛṣṇa, e não para os desejos pessoais de alguém. No final, nós comeremos a *prasāda* (a comida oferecida), mas, enquanto cozinhamos, devemos pensar que a estamos fazendo para Kṛṣṇa, e não para nós. Quando os membros de um templo vão à rua, não o fazem para eles próprios, mas para distribuir livros conscientes de Kṛṣṇa, para que todas as pessoas se tornem conscientes da presença de Kṛṣṇa. Todo o dinheiro que se adquire é gasto para Kṛṣṇa na difusão de Sua mensagem através de muitas maneiras diferentes. Este estilo de vida, em que tudo é feito para Kṛṣṇa, promove o desenvolvimento da consciência de Kṛṣṇa na entidade viva. Nossas atividades podem continuar sendo as mesmas; precisamos apenas entender que estamos agindo para Kṛṣṇa e não para nossa satisfação pessoal. Dessa maneira, poderemos alcançar nosso estado de consciência original e sermos felizes. Aquele que não se estabelece em seu estado de consciência original, que é consciência de Kṛṣṇa, é, até certo ponto, louco. Todo aquele que não é consciente de Kṛṣṇa deve ser considerado louco, pois está existindo num plano temporário e passageiro. Se nós, como entidades vivas, somos eternos, as atividades temporárias não se coadunam conosco. Como somos eternos, nossas ocupações deveriam ser eternas, e ocupação eterna é o ato de prestar serviço a Kṛṣṇa com amor.

Kṛṣṇa é o eterno supremo, e nós somos os eternos subordinados. Kṛṣṇa é a entidade viva suprema, e nós somos as entidades vivas subordinadas. O dedo é parte integrante do corpo inteiro, e sua função eterna é a de servir o corpo. De fato, esta é precisamente a finalidade do dedo, e se ele não pode servir o corpo, é porque está doente ou inutilizado. Analogamente, como partes integrantes que somos, temos de servir Kṛṣṇa e nos submetermos a Ele, uma vez que, em Sua posição de pai supremo, Ele nos provê tudo de que necessitamos. Este tipo de vida, em que tudo é dedicado a Kṛṣṇa, é uma vida normal e é uma vida de liberação verdadeira. Aqueles que procuram negar Kṛṣṇa e vivem afastados de qualquer relação com Ele estão, na realidade, vivendo uma vida pecaminosa.

Śukadeva Gosvāmī e Mahārāja Parīkṣit discutiram este assunto, e Parīkṣit Mahārāja se sentia ansioso por saber como as almas condicionadas podiam ser resgatadas de suas vidas infernais. É um desejo natural do vaiṣṇava querer salvar a humanidade sofredora. Geralmente, os outros não se importam se as pessoas estão sofrendo ou não; mas um vaiṣṇava, um devoto do Senhor, sempre está pensando em como aliviar a condição degradada das pessoas.

Os cristãos acreditam que o Senhor Jesus Cristo, através de sua crucificação, absorveu todas as atividades pecaminosas das pessoas do mundo. Um devoto do Senhor está sempre pensando em como absorver os sofrimentos dos outros.

Vāsudeva Datta, um associado do Senhor Caitanya, era um devoto deste tipo. Ele disse ao Senhor: "Agora que Você veio, por favor, libera todas as pessoas da Terra e leva-as para Vaikuṇṭha, o mundo espiritual. E se Você acha que são tão pecadoras que não podem ser liberadas, por favor, transfere para minha pessoa os pecados delas. Eu sofrerei por elas."

Esta é a misericórdia de um vaiṣṇava. No entanto, não se deve pensar que Jesus Cristo e Vāsudeva Datta devem fazer um contrato pelos nossos pecados e que nós podemos continuar pecando, já que esta proposição é o que há de mais ignóbil e atroz. Um vaiṣṇava ou devoto pode sofrer por toda a humanidade, mas a raça humana, ou os discípulos de um devoto em particular, não devem aproveitar-se desta facilidade e continuar pecando. Ao contrário, devemos conscientizar-nos de que, como Jesus Cristo e Vāsudeva Datta sofreram por nós, devemos então deixar de cometer pecados.

De fato, todos são responsáveis por suas próprias atividades pecaminosas. Por conseguinte, Śukadeva Gosvāmī recomenda: *tasmāt puraivāsv iha pāpa-niṣkṛtau*, para nos libertarmos de todas as reações às atividades pecaminosas, devemos anular tais atividades enquanto nos encontramos dentro do corpo.

Yateta mṛtyor avipadyatātmanā/ doṣasya dṛṣṭvā guru-lāghavaṁ yathā bhiṣak cikistseta rujāṁ nidāna-vit. Devemos realizar um plano de expiação, de acordo nossas atividades pecaminosas. Como se mencionou anteriormente, há diferentes tipos de expiação para diferentes atividades pecaminosas. Seja qual for o caso, antes de morrer devemos realizar expiação, para que não levemos as atividades pecaminosas para a vida seguinte e tenhamos de sofrer mais. Se não executarmos nenhuma penitência por nossas atividades pecaminosas, a natureza não nos perdoará. Teremos de sofrer os efeitos dos nossos pecados na vida seguinte. Este cativeiro ocasionado pelas atividades materiais chama-se *karma-bandhanaḥ*.

yajñārthāt karmaṇo 'nyatra
loko 'yaṁ karma-bandhanaḥ

tad-artham karma kaunteya
mukta-saṅgaḥ samācara

"É preciso executar o trabalho como um sacrifício a Viṣṇu, pois, de outra forma, o trabalho nos ata a este mundo material. Por conseguinte, ó filho de Kuntī, cumpra seus deveres prescritos para a satisfação dEle, e dessa forma você permanecerá sempre desapegado e livre de cativeiro." (Bg. 3.9)

Pode ser que alguém mate um animal para comê-lo e desfrutar dele, mas semelhante ação o prenderá a este mundo. Assim, na vida seguinte, esta pessoa se tornará uma vaca ou uma cabra, e a vaca ou a cabra se tornarão homens e comerão aqueles que as comeram. Isto é o que afirmam os *Vedas*, e, como tudo que é dito nos *Vedas*, podemos acreditar nisto ou não. Infelizmente, na atualidade, as pessoas são educadas de tal maneira que não acreditam numa próxima vida. Na realidade, parece que quanto mais "educada" a pessoa se torna, menos crê em Deus, na lei de Deus, na próxima vida e em atividades piedosas e pecaminosas. Dessa maneira, a educação moderna está preparando os homens para que se tornem animais. Se não há nenhuma educação que ensine ao ser humano que ele não é este corpo, ele continua sendo não mais que um asno. O asno também acredita que "eu sou este corpo", como também o crê em todos os outros animais. Desta forma, se um homem pensa assim, que diferença há entre ele e o animal?

O *Śrīmad-Bhāgavatam* (10.84.13) afirma:

yasyātma-buddhiḥ kuṇape tridhātuke
sva-dhīḥ kalatrādiṣu bhauma ijyadhīḥ

yat tīrtha-buddhiḥ salile na karhicij
janeṣv abhijñeṣu sa eva gokharaḥ

"Diz-se que uma pessoa está iludida e não passa de um asno ou uma vaca se considera que o corpo — que é feito de três elementos — é seu eu, se sente atração pelos relacionamentos corpóreos íntimos que se estabelecem com sua esposa e filhos, se considera que sua terra natal é venerável, e se reconhece como sagradas as águas dos lugares santos de peregrinação, mas não tira proveito do conhecimento das pessoas santas que ali se encontram."

De acordo com o *Āyurveda*, o corpo material é composto de três elementos: *kapha-pitta-vātaiḥ*, muco, bílis e ar. Dentro do corpo há um mecanismo complexo que transforma a comida em líquido. Existem processos variados e complexos de atividades corpóreas que estão sendo realizados, mas, o que sabemos a respeito deles?

Nós dizemos "este é meu corpo", mas, que sabemos deste corpo? Algumas pessoas chegam a dizer: "eu sou Deus", mas nem sequer sabem o que está ocorrendo no interior de seus próprios corpos.

O corpo é um saco de excremento, urina, sangue e ossos. Quem acredita que a inteligência provém de excremento, urina, sangue e ossos é ignorante. Acaso podemos criar inteligência através da mistura de excremento, urina, ossos e sangue? No entanto, as pessoas ainda acreditam que "eu sou este corpo." Por conseguinte, as escrituras dizem que aquele que considera que este corpo é seu eu e que considera que esposa, filhos e família — que constituem as relações corpóreas — lhe pertencem, está da ignorância – Tu, em contraste, és o senhor de todas essas qualidades."

Todas as atividades materiais no mundo estão sendo conduzidas sob os três modos qualitativos da natureza material, também chamados de guṇas. Embora esses modos qualitativos sejam emanações do Senhor Supremo, Kṛṣṇa, Ele não Se sujeita a eles. Por exemplo, um indivíduo comum pode ser punido pelas leis do governo, mas o rei, o legislador, não se sujeita à lei. De igual modo, todos os modos qualitativos da natureza material – bondade, paixão e ignorância – são emanações do Senhor Supremo, mas Ele não Se sujeita à natureza material. Por isso, Ele é chamado nirguṇa. Essa é uma das características especiais da Suprema Personalidade de Deus.

O oceano personificado continuou: "Meu Senhor, podes usar minha água como queiras. Certamente podes cruzar-me até a terra de Rāvaṇa, que é a mais formidável fonte de perturbação e choros para todos os três mundos. Ele é o filho de Viśravā, mas é condenado como uma urina. Por favor, procede com a morte dele e, deste modo, resgata Tua esposa, Sītā."

É dito que um filho e a urina emanam da mesma fonte – os genitais. Quando um filho é um devoto ou é uma personalidade grandiosa e erudita, a descarga seminal para gerar um filho é considerada exitosa, ao passo que, se o filho é desqualificado e não traz nenhuma glória para a sua família, ele não é melhor do que urina. Neste momento da oração, compara-se Rāvaṇa à urina porque ele era uma fonte de perturbações para os três mundos. A própria palavra "Rāvaṇa" significa variedades de condicionamento, e, a despeito da condição a que estamos sujeitos, somos considerados responsáveis pelo que fazemos. Se não expiarmos as atividades pecaminosas que cometemos enquanto estamos neste corpo, teremos de sofrer no corpo seguinte, pois receberemos outro corpo de acordo com o *karma*. Esta é a lei da natureza. Portanto, Śukadeva Gosvāmī recomenda que nos submetamos a uma expiação de acordo com a gravidade de nossas atividades pecaminosas. Deve-se seguir os métodos de expiação prescritos nos *śāstras*, pois, de outra forma, não há salvação.

Parīkṣit Mahārāja, que era muito inteligente, disse: "Através da expiação, podemos nos libertar da atividade pecaminosa, mas, suponhamos que um homem tenha cometido um assassinato e tenha sido morto em seguida: a reação pecaminosa de seu assassinato fica assim neutralizada, mas qual é a garantia de que na próxima vida ele não irá voltar a matar?" Assim, Parīkṣit Mahārāja chamou atenção para o fato de que as pessoas, após expiarem, cometem os mesmos pecados novamente.

Se um homem está doente, o médico pode lhe dar um remédio que o cure, mas não há garantia de que este homem, não esteja sujeito a sofrer novamente a mesma doença.

Frequentemente, contraem-se doenças venéreas, a despeito das curas, e um ladrão pode roubar repetidamente, mesmo que já tenha sido preso muitas vezes. Por que isto acontece? Com relação a isso, Mahārāja Parīkṣit fez notar que, mesmo que a expiação seja boa para anular as atividades pecaminosas já cometidas, isso não evita que os pecados sejam cometidos outra vez. Todos podem ver que um homem que comete homicídio é castigado, mas ver isto não é suficiente para fazer com que alguém desista de matar.

Em todas as escrituras e em todo código de leis se adverte ao homem para que não mate, mas ninguém se importa com essas leis. Qual é o remédio para isto? Mediante a experiência prática e ouvindo das autoridades, todos sabem o que é atividade pecaminosa, e ninguém pode dizer "não sei o que é pecado." De que serve a expiação se, após expiar, a pessoa volta a cometer o mesmo pecado? Enquanto está sendo castigado, o homem pensa: "Que erro cometi! Nunca mais cometerei este pecado." Mas tão logo sai do perigo, comete o mesmo pecado novamente.

O que é habitual passa a ser natural; é muito difícil deixar o hábito. *Śvā yadi kriyate rājā/ tat kiṁ nāśnāty upānaham* (*Hitopadeśa*): alguém pode colocar um cão num trono, mas tão logo o cão veja um sapato, imediatamente dará um salto e correrá atrás dele, porque é um cão. As qualidades caninas estão presentes, e não podem mudar apenas por se colocar o cão no trono. Analogamente, temos adquirido qualidades materiais por nos associarmos com os três modos da natureza material — *sattva-guṇa, rajo-guṇa e tamo-guṇa* — e nossos hábitos se formam em virtude da associação com estas três qualidades, que são as qualidades da bondade, da paixão e da ignorância.

Contudo, se nos desligarmos dos três modos da natureza material, invocaremos nossa verdadeira natureza espiritual. Nisto consiste o processo da consciência de Kṛṣṇa. Se alguém tem consciência de Kṛṣṇa, não há de nossa habilidade, nós, para a vitória, temos que depender da graça da Suprema Personalidade de Deus.

Por fim, Rāma enfrentou pessoalmente Rāvaṇa. O Senhor Rāma, em tom de censura, lhe disse: "És o mais abominável dos canibais! Com efeito, és como as fezes deles. Tu te assemelhas a um cachorro, pois os cães roubam comestíveis da cozinha quando o dono da casa está ausente. Tu, de igual modo, raptaste Minha esposa, Sītā, quando Eu não estava presente. És o mais abominável, o mais pecaminoso e o mais insolente. Hoje, portanto, Eu, o infalível, punirei tua pessoa."

O Senhor Rāma, então, fixou uma flecha no Seu arco, mirou em Rāvaṇa e disparou. A flecha perfurou o coração de Rāvaṇa tal qual um raio. Vendo isso, os seguidores de Rāvaṇa começaram a gritar tumultuosamente: "Oh, não! Oh, não! O que houve? O que houve?" Rāvaṇa, vomitando sangue, caiu ao chão.

De acordo com as injunções védicas, apenas um agressor pode ser morto. Se alguém se aproxima com a intenção de matar, podem-se, de imediato, tomar medidas para matar em autodefesa. Também se declara que, se alguém viola uma mulher, esse alguém pode ser morto, o que o Senhor Rāma fez.

UMA LIÇÃO PARA OS MATERIALISTAS

Rāvaṇa era um estudioso muito erudito do conhecimento védico, era filho de um *brāhmaṇa* e era muito poderoso do ponto de vista material. Ele foi competente o bastante para importar grandes quantidades de ouro do Brasil e fazer uma capital inteiramente de

- 4 -
Karma, a Justiça Infalível

Karma, a Justiça Infalível

Yogeśvara dāsa: Śrīla Prabhūpāda, outro dia o senhor estava dizendo que na Índia, até há bem pouco tempo, era proibido comer vacas; que aqueles que comiam animais só comiam cães e cabras.

Śrīla Prabhupāda: Sim. Para os que comem carne, isto é o que a cultura védica recomenda: "Coma cães." Assim como na Coréia se come cães, da mesma forma, vocês também podem comer cães. Mas não comam as vacas até que elas tenham morrido de morte natural. Nós não dizemos "não coma." Vocês estão profundamente viciados em comer vacas. Muito bem, podem comê-las, já que, depois de mortas, teremos de dá-las a alguém, a alguma entidade viva. Em geral, os cadáveres das vacas são dados aos abutres. Mas, por que só aos abutres? Por que não às pessoas "civilizadas" desta era, que são praticamente como abutres? (*Risadas.*)

Estes homens supostamente civilizados... qual é a diferença entre esses patifes e os abutres? Os abutres também gostam de matar e depois comer o cadáver. "Faço com que morra e depois desfruto." As pessoas se tornaram abutres. E sua civilização é uma civilização de abutres. Pessoas que comem animais são como chacais, abutres, cães. A carne não é alimento humano. Aqui, na cultura védica, está o alimento civilizado, o alimento humano: leite, frutas, legumes, nozes, grãos. Eles têm de aprender isto.

Para orientar a sociedade são necessários instrutores espirituais — homens de primeira classe. Meus discípulos estão se preparando para tornarem-se homens de primeira classe. Se as pessoas seguirem nossos conselhos, então tudo dará certo. Qual o valor da orientação atual, dada por homens de quarta classe?

Os homens de primeira classe são grandes devotos do Senhor, que, mediante suas palavras e exemplo prático, podem orientar os administradores e os cidadãos. Os homens de segunda classe são os administradores, os militares, que zelam pelo desenvolvimento harmonioso do governo e pela segurança dos cidadãos. E os homens de terceira classe são os fazendeiros, que cultivam a terra e protegem as vacas. Mas, hoje em dia, quem está protegendo as vacas? Isto é tarefa dos homens de terceira classe. Por isso, atualmente todas as pessoas são de quarta classe, ou até mais baixas. *Śvavid-varāhoṣṭra-kharaiḥ saṁstutaḥ puruṣaḥ paśuḥ* (SB 2.3.19): as pessoas estão vivendo como animais — sem princípios espirituais reguladores. Todos podem fazer o que bem entendem, o que acham melhor: nenhum princípio regulador.

Mas a vida humana destina-se à observância de princípios reguladores. Nós insistimos para que nossos estudantes sigam princípios reguladores, apenas para convertê-los em verdadeiros seres humanos: não comer carne, não ter vida sexual ilícita, não tomar bebidas embriagantes nem estimulantes, não tomar parte em jogos de azar. A vida sem princípios reguladores é vida animal.

Na forma de vida humana, depois de passar por milhões de vidas nas espécies vegetais e animais, a alma espiritual recebe a oportunidade de praticar o sistema de *yoga*, e *yoga* significa princípios reguladores estritos. *Indriya-saṁyamaḥ*: controle dos sentidos. Este é o verdadeiro sistema de *yoga*. Mas, hoje em dia, a maioria os assuntos da cidade opulenta, apreciavam isso imensamente. Os palácios, portais, casas de assembleia, as plataformas para encontros, os templos e todos os lugares eram decorados por potes de ouro e decorados por vários tipos de bandeiras.

MEDITANDO EM RĀMA

Enfim, há muitos incidentes históricos na vida de Rāma, e devemos nos recordar deles. Se ouvimos sobre a vida de Rāma e Suas atividades e passatempos, estamos na companhia de Rāma, pois não há diferença entre Sua forma, Seu nome, Seus passatempos e Ele mesmo, visto que Ele é absoluto. Se você entoa o santo nome de Rāma, vê Sua estátua ou fala sobre Seus passatempos transcendentais, tudo isso significa que você está na companhia da Suprema Personalidade de Deus, e, pela associação dEle, você se purifica.

DE VOLTA AO REINO DE DEUS

Todos os habitantes de Ayodhyā que viram o Senhor Rāma, serviram-nO como servos, sentaram-se e conversaram com Ele como amigos ou, de uma forma ou outra, estiveram presentes durante Seu reinado, voltaram ao lar, voltaram ao Supremo. Depois de abandonar o corpo, o devoto que se tornou perfeito no serviço devocional entra no universo material específico onde o Senhor Rāma está realizando Seus passatempos. Então, depois de ser treinado a servir o Senhor em várias capacidades, o devoto, por fim, é promovido ao reino supremo no mundo espiritual.

Mas não lhes dizemos: "Dêem-nos um salário." Apenas pedimos: "Por favor, venham." Por isso estamos cozinhando e realizando tantos festivais gratuitos. "Dar-lhes-emos comida, dar-lhes-emos um assento confortável. Por favor, venham e ouçam falar sobre a autorrealização e o cultivo da consciência de Deus." Não pedimos dinheiro: "Primeiro paguem a cota, depois venham e aprendam o *Bhagavad-gītā*." Nunca dizemos isto. Mas estes pretensos professores que em primeiro lugar estipulam um honorário — "quanto vou receber?" — têm o mesmo interesse do cão. Este não é o comportamento do *brāhmaṇa*. Um *brāhmaṇa* nunca pedirá um salário. O *brāhmaṇa* está ansioso por ver as pessoas sendo educadas. "Receba educação gratuita e aperfeiçoe-se; seja um ser humano." Isto é o que interessa ao *brāhmaṇa*. Entende? Eu não vim aqui para pedir dinheiro, mas sim para dar instruções.

De modo que podem comer cães, ou porcos. Comam porcos. Não proibimos a matança desses animais menos importantes. Nem aprovamos nem proibimos. Mas, pedimos especialmente que protejam as vacas, porque esta é uma ordem do Senhor Kṛṣṇa. *Go rakṣya:* "Protejam as vacas." Este é nosso dever.

Além disso, é muito mais vantajoso economicamente. Kṛṣṇa não recomendou isto por casualidade. A ordem de Kṛṣṇa tem seu significado. As vacas de nossas fazendas Hare Kṛṣṇa estão dando mais leite que outras vacas, porque têm confiança de que "aqui não vão nos matar." Não é como acontece com esses patifes, esses pretensos cristãos que dizem: "Elas não têm alma, não têm inteligência." Sim, elas *têm* inteligência. Em outros lugares não dão tanto leite. Mas em nossas fazendas se sentem muito contentes. Logo que os devotos as chamam, elas atendem. Sim, como entre amigos. E se sentem seguras: "Não vão nos matar." Por isso estão felizes e dão muito leite.

Na Europa e nos Estados Unidos as vacas são muito boas, mas o sistema para matá-las também é muito eficiente. É preciso parar com isto. Devemos dizer-lhes: "Esperem que logo terão a carne da vaca. Logo que a vaca morrer, ela dará a carne gratuitamente. Nem será preciso pagar tanto como agora. Podem conseguir a carne de graça e comê-la. Por que estão matando? Não continuem com esses matadouros." Que mal há nesta proposta?

Não queremos deter o comércio, nem a produção de grãos, vegetais e frutas. Mas queremos que acabem com esses matadouros. É algo sumamente pecaminoso. Por isso há tantas guerras em todas as partes do mundo. A cada dez ou quinze anos há uma grande guerra — um matadouro de seres humanos em grande escala. Mas esses patifes não percebem que, pela lei do *karma*, cada ação há de ter sua reação.

Vocês estão matando as vacas inocentes e outros animais; a natureza se vingará disto. Esperem e verão. Logo que surja o momento oportuno, a natureza vai reunir todos estes patifes e exterminá-los. Acabou-se. Lutarão entre si — protestantes contra católicos. União Soviética contra Estados Unidos, este contra aquele. Isto já está acontecendo. Por quê? É a lei da natureza. "Quem com ferro fere com ferro será ferido." "Vocês mataram. Agora matem-se entre si."

Estão mandando os animais para o matadouro, e agora vão criar o seu próprio matadouro. (*Imitando o barulho de disparos*) Pum! Pum! Mata! Mata! Vocês percebem? Tomemos, por exemplo, Belfast. Os católicos estão matando os protestantes, e os protestantes estão matando os católicos. Esta é a lei da natureza. Não é necessário mandar a pessoa para o matadouro comum. Ela terá seu matadouro em casa. Matará seu próprio filho — o aborto. Esta é a lei da natureza. Quem são estas crianças que estão sendo mortas? São as mesmas pessoas que comem carne. Eles desfrutavam enquanto tantos animais eram mortos, e agora suas mães os estão matando. As pessoas não sabem como age a natureza. *Se você matar, terá de ser morto.* Se você matar a vaca, que é sua mãe, então, em alguma vida futura, sua mãe irá matá-lo. É assim. A mãe se torna o filho e o filho se torna a mãe.

Mām sa khādatīti māṁsaḥ. Māṁsa é a palavra sânscrita que é usada para isto. *Mām* significa "a mim" e *sa* significa "a ele." Estou matando este animal; eu o estou comendo. Na minha vida seguinte, ele me matará e *me* comerá. Quando o animal vai ser sacrificado, recita-se o seguinte *mantra* ao seu ouvido: "Você está me dando sua vida, portanto, terá oportunidade de nascer como um ser humano em sua próxima vida. E eu, que o estou matando agora, me tornarei um animal, e você me matará." De maneira que, depois de compreender este *mantra*, quem vai querer matar um animal?

Bhagavān dāsa: Hoje em dia, muitas pessoas estão discutindo esta questão da reencarnação, mas não compreendem a importância dos efeitos...

Śrīla Prabhupāda: Como vão entender? São todos uns ignorantes e desavergonhados preguiçosos vestidos como cavalheiros. Isso é tudo. *Tāvac ca śobhate mūrkho yāvat kiñcin na bhāṣate.* Um desavergonhado, um ignorante, tem prestígio enquanto não fala. Logo que fala, revela sua natureza — o que realmente é.

Por isso devemos enfatizar as atividades agrícolas: a produção de alimentos e a proteção às vacas. As pessoas conscientes de Kṛṣṇa nunca perderão nada seguindo as instruções de Kṛṣṇa. Viverão confortavelmente, sem nenhuma necessidade material, e *tyaktvā dehaṁ punar janma naiti* (Bg. 4.9): após abandonarem este corpo, irão diretamente a Deus. Esta é a nossa forma de vida.

Bhagavān dāsa: Uma vez o senhor estava nos dizendo que, na Índia, se uma pessoa tem uma mangueira e alguém tem fome, ele pode entrar e comer, mas não pode levar nenhuma manga.

Śrīla Prabhupāda: É verdade. Se alguém tem um pomar e uma pessoa diz: "quero comer frutas", dirão a ela: "Pode comer. Coma quantas frutas quiser." Mas ele não vai tirar mais do que possa comer, nem vai levar nenhuma. Muitos homens podem ir e comer à vontade. Os fazendeiros não proíbem nem os macacos: "Está bem, que venham. Afinal de contas, tudo pertence a Deus." Este é o sistema de consciência de Kṛṣṇa: se um animal, um macaco, por exemplo, vai ao seu pomar para comer, ninguém o impede. Ele também é parte integrante de Kṛṣṇa. Se você o impede, onde ele vai comer?

Recordo-me de outra história; esta quem me contou foi meu pai. O irmão mais velho de meu pai tinha uma loja de tecidos. Todos os dias, antes de fechar a loja, meu tio deixava um recipiente cheio de arroz. Como em qualquer outra aldeia, havia ratos. Mas os ratos comiam o arroz e não rasgavam nenhum tecido. O tecido é muito caro. Se algum rato furasse um tecido que fosse já seria uma grande perda. De maneira que, com alguns centavos de arroz, lucrava-se muito. Esta cultura de Kṛṣṇa é pratica. "Eles também são partes integrantes de Deus. Dêem-lhes comida. Não criarão nenhum distúrbio. Dêem-lhes comida."

Todos têm a obrigação de alimentar o faminto — mesmo que seja um tigre. Uma vez, certo mestre espiritual estava vivendo na floresta. Seus discípulos sabiam que "os tigres nunca virão nos perturbar, pois nosso mestre mantém sempre um pouco de leite a pouca distância do *āśrama*, e os tigres vêm, o bebem e vão embora."

O mestre gritava: "Ei tigre! Venha cá tomar seu leite!" (*Risadas.*) E os tigres se aproximavam, tomavam o leite e iam embora. E nunca atacavam nem um membro do *āśrama*. O mestre lhes dizia: "São meus homens; não façam mal a eles."

Recordo-me de ter visto na Feira Mundial um homem que havia adestrado um leão. E o homem brincava com o leão como se este fosse um cão. Estes animais podem entender que "este homem me quer bem. Ele me dá de comer; é meu amigo." Eles também podem apreciar essas coisas.

Quando Haridāsa Ṭhākura vivia numa caverna onde cantava Hare Kṛṣṇa, uma serpente enorme que também vivia ali decidiu ir embora. A serpente sabia que "ele é uma pessoa santa. Não deve ser incomodado. Melhor que eu me vá." E a *Bhagavad-gītā* nos informa que *īśvaraḥ sarva-bhūtānāṁ hṛd-deśe*, Kṛṣṇa está no coração de todos, e Ele dá ordens. Assim sendo, Kṛṣṇa pode ordenar paz e harmonia aos animais, às serpentes e a todo o mundo (*Śrīla Prabhupāda faz uma pausa e reflete*).

A cultura védica oferece muitos pratos bons, deliciosos, e a maioria deles é feito de produtos lácteos. Mas essas pessoas supostamente civilizadas... elas não sabem de nada. Matam as vacas e jogam o leite aos porcos, e estão muito orgulhosas de sua civilização. Na verdade, este movimento da consciência de Kṛṣṇa vai transformar as pessoas incivilizadas e levar o mundo inteiro rumo à verdadeira civilização.

Anulando a Lei do Karma

- 5 -

Anulando a Lei do
Karma

Anulando a Lei do Karma

Se simplesmente adorarmos a pessoa original (*ādipuruṣam*), não haverá por que temer que alguém nos desencaminhe. Śrīdhara Svāmī, o comentador original do *Śrīmad-Bhāgavatam*, explica que podemos alcançar a perfeição da vida simplesmente através do serviço devocional (*kevalayā bhaktyā*); não precisamos depender de nenhum outro processo. Śukadeva Gosvāmī diz que é possível acabar com a vida material com um só golpe (*kevalayā*). Não há por que submeter-se primeiro a penitências severas e austeridades, praticar o celibato, controle da mente e dos sentidos, dar caridade, realizar grandes sacrifícios e tornar-se veraz e limpo. Com um só golpe — adotando o processo da consciência de Kṛṣṇa — ascendemos de imediato à posição mais elevada de todas. Pelo simples fato de entender o processo da consciência de Kṛṣṇa, desenvolvemos todas as qualidades transcendentais. O ourives usa um martelinho e dá muitos golpes no ouro, mas o ferreiro usa um martelo enorme e com um só golpe termina seu trabalho. Este é o método do ferreiro: pegamos o grande martelo da *bhakti-yoga* e acabamos com tudo o que é vida material. Não há nenhuma necessidade de aderir às muitas disciplinas menores, nem de seguir outro processo. Na verdade, atualmente não há nem possibilidade de seguir os outros processos védicos para a perfeição. Por exemplo, o processo de *haṭha-yoga* diria: "Você tem de se tornar um *brahmacārī* estrito, sentar-se na floresta com o corpo em ângulo reto e apertar seu nariz com o dedo durante seis meses."

Quem poderia seguir tal instrução? Visto que um método desta natureza não é prático nesta era, o método do ourives tem de ser abandonado. A solução é pegar o martelo do ferreiro, que é este processo da consciência de Kṛṣṇa, e eliminar de uma só vez todas as reações pecaminosas.

Através do serviço devocional, temos de nos tornar *vāsudeva-parāyaṇa*, devotos do Senhor Vāsudeva, ou o Senhor Kṛṣṇa. Em outras palavras, temos de aprender a nos tornarmos amantes de Vāsudeva. Se o mundo adotar este processo da consciência de Kṛṣṇa, certamente haverá paz no planeta. Agora a Terra está se convertendo rapidamente num planeta infernal, e, se este processo da consciência de Kṛṣṇa não for adotado, esta condição infernal progredirá apesar de todos os avanços da educação e do desenvolvimento econômico. Portanto, aqueles que são sensatos devem levar este movimento muito a sério, e tentar entender seu valor. Não é algo que foi inventado por um homem ou um grupo de discípulos. É autorizado e antigo, baseado nas escrituras védicas, que remontam a milhares de anos atrás.

Nīhāram iva bhāskaraḥ. Bhāskaraḥ se refere ao Sol. O Sol dispersa o nevoeiro de imediato, como também a escuridão. Como foi dito antes, devemos tentar fazer com que o sol de *Kṛṣṇa* surja em nossos corações. No *Śrī Caitanya-caritāmṛta* também se declara que Kṛṣṇa é como o Sol e que *māyā*, a energia ilusória, é como a escuridão. *Yāhāṅ kṛṣṇa, tāhāṅ nāhi māyāra adhikāra*: assim que o sol de Kṛṣṇa aparece, a escuridão de *māyā* desaparece. É muito difícil superar o oceano da escuridão, *māyā*, sem seguir este processo. Se simplesmente ensinarmos às pessoas a se renderem a Kṛṣṇa, a Deus, toda neblina e névoa da ilusão desaparecerão. O método é muito simples: cante Hare Kṛṣṇa, Hare Kṛṣṇa, Kṛṣṇa Kṛṣṇa, Hare Hare/ Hare Rāma, Hare Rāma, Rāma Rāma, Hare Hare.

Quanto mais se canta, mais se dissipa a escuridão criada no transcurso de muitas vidas. *Ceto-darpaṇa-mārjanam*: através do canto, pode-se limpar a poeira do espelho da mente e perceber as coisas de maneira bem definida. Dessa maneira, saberemos quem somos, quem é Deus, o que é o mundo, qual é nossa relação com Deus, como viver neste mundo e qual será nossa próxima vida. Este tipo de conhecimento não é ensinado nas escolas, onde se ensina a fabricar ou adquirir produtos para o gozo dos sentidos. Sempre existe uma luta árdua, relacionada com a tentativa do homem de dominar a natureza material. No entanto, cada uma das comodidades que ele consegue produzir vem acompanhada de um inconveniente. Por exemplo, recentemente alguns engenheiros desenharam um avião que pode voar a grandes velocidades sem perigo. Mas, quando o avião voa, quebra todos os vidros da cidade. Assim, portanto, desperdiçamos nosso tempo com a construção de um sem-número de dispositivos que nos proporcionam uma comodidade artificial e temporária à custa de uma quantidade proporcional de inconvenientes. Tudo isto faz parte da lei do *karma*, a lei da ação e reação. Para tudo que fazemos há uma reação, através da qual nos enredamos. Isto é declarado na *Bhagavad-gītā* (3.9): "É preciso executar trabalho como um sacrifício a Viṣṇu, porque de outra forma o trabalho nos prende a este mundo material. Por conseguinte, ó filho de Kuntī, cumpra seus deveres prescritos para a satisfação dEle, e dessa maneira você sempre permanecerá desapegado e livre de cativeiro."

Quando alguém age para o gozo dos sentidos, o trabalho o enreda, seja este bom ou mau. Mas, se esta mesma pessoa trabalhar para Kṛṣṇa, estará livre, independentemente da possível conveniência ou não de seu trabalho devocional, como também declara que a prática do serviço devocional anula as atividades pecaminosas. Cada um de nós é um pecador até certo ponto, pois do contrário não teríamos sido colocados em corpos materiais. No momento em que nos livramos da vida pecaminosa, libertamo-nos e somos transferidos ao mundo espiritual em um corpo espiritual. Todo o processo consiste em purificar-nos da contaminação da vida pecaminosa ou material.

Śukadeva Gosvāmī disse: "Meu querido rei, os pecadores podem purificar-se da contaminação através de *tapa-ādibhiḥ*, a prática de austeridade." Śukadeva também disse, entretanto, que ninguém pode se purificar completamente através deste processo de austeridade. Há muitos exemplos de *yogīs* que praticaram austeridades, mas que não emergiram delas completamente puros. Viśvāmitra Muni, por exemplo, era um *kṣatriya* que quis tornar-se *brāhmaṇa*, e, por conseguinte, começou a praticar austeridades. Porém, posteriormente, caiu vítima de Menakā, uma jovem leviana dos planetas celestiais. Como Viśvāmitra não era puro, ele se envolveu com ela e gerou uma filha. Por isso se diz que mesmo que se executem austeridades e penitências, as circunstâncias mundanas são tão comprometedoras que de uma forma ou outra hão de aprisionar a pessoa cada vez mais nos modos da natureza material.

Há muitos exemplos de *sannyāsīs* que abandonam o mundo, considerando-o falso e dizendo "vou dedicar-me ao Brahman", mas novamente se enredam no trabalho mundano quando abrem hospitais, realizam obras filantrópicas e atividades beneficentes. Se o mundo é falso, por que eles sentem atração por obras beneficentes? A filosofia da consciência de Kṛṣṇa declara que este mundo não é falso, mas sim temporário. Deus criou este mundo, e Ele é verdadeiro. Então, como é possível que Sua criação seja falsa? Como esta é a criação de Deus, e Deus é a Verdade Absoluta, esta criação também é verdadeira. O que acontece é que a vemos de outra maneira por causa da ilusão. O mundo é um fato, mas é um fato temporário.

Talvez alguém diga que possui alguma coisa neste mundo, mas esta é uma afirmação incorreta. Que esta coisa pertence a alguém é um fato, mas este alguém é Deus (*īśāvāsyam idaṁ sarvam*). Isto não significa, contudo, que a coisa seja falsa. O que é falso é o direito de propriedade, que se baseia num estado de consciência poluído e falso em que o indivíduo se considera o proprietário, o senhor, ou Deus. Todos desejam ser os senhores ou proprietários de algo, depois ministros, em seguida presidentes e então Deus. Existe a tendência de querer tornar-se o maior e melhor de todos, mas perdura o fato de que Deus é o maior e a entidade viva é muito pequena em comparação com Ele. Nem o maior, nem o menor são falsos, mas quando o pequeno acredita ser grande, isto é falso.

A literatura védica nos informa que Brahman, ou o espírito, é *aṇor aṇīyāṁsam*, menor que o átomo, e *mahato mahīyāṁsam*, maior que o maior. De acordo com nossa compreensão, o espaço que contém o Universo é a maior coisa que existe, mas Kṛṣṇa mostrou milhões de universos dentro de Sua boca. A grandeza de Deus não pode ser compreendida pelas entidades vivas, que são partes integrantes de Deus. Sendo entidades vivas, nosso tamanho é diminuto, infinitesimal, e Deus é infinito. Com efeito, a magnitude da alma espiritual individual é tão microscópica que não pode ser vista. Não se pode sequer imaginá-la com os sentidos materiais. Por isso se diz que a alma espiritual é menor que o átomo (*aṇor aṇīyāṁsam*). Por serem espírito, tanto as entidades vivas quanto Kṛṣṇa, o Senhor Supremo, são qualitativamente iguais. Entretanto, quantitativamente, o Senhor é grande e as entidades vivas são pequenas. Este fato pode ser entendido de imediato tomando-se por base a informação védica. No *Brahma-saṁhitā* se declara: *yasyaika-niśvasita-kālam athāvalambya jīvanti loma-vilajā jagad-aṇḍa-nāthāḥ*, muitos milhões de universos saem do corpo de Deus quando Ele exala, e desaparecem novamente quando Ele inala. Simplesmente através de Sua respiração, milhões de universos são criados e dissolvidos. Se é assim, como podem então as entidades vivas proclamar serem proprietárias de alguma coisa? A posição de uma pessoa só é segura enquanto ela não declara falsamente que é a proprietária ou Deus. Tornou-se moda alguém afirmar ser Deus, e os tolos aceitam este tipo de afirmação. Porém, através do estudo das escrituras védicas concluímos que Deus não é algo tão barato.

Quando já não fizermos declarações egoísticas, estaremos liberados; não há nenhuma necessidade de buscar a liberação em si. Mas só nos libertaremos quando deixarmos de pensar: "eu sou este corpo." Liberação significa saber perfeitamente bem que o eu é diferente do corpo. Por isso Śukadeva Gosvāmī disse: *prāyaścittam vimarśanam*, "desenvolva seu conhecimento que isto lhe trará alívio." Nosso conhecimento é perfeito quando chegamos a saber que somos partículas muito pequenas de centelhas

espirituais, e que Deus, o Supremo, a maior de toda_
entidades espirituais, supre-nos de tudo de que necessitamos (*eko bahūnāṁ yo vidadhāti kāmān*). Por reconhecer-
mos que somos partículas diminutas, partes integrantes
de Deus, podemos entender que temos o dever de servir
a Deus. Deus é o centro de toda a criação, de todo o corpo
universal; Ele é o desfrutador e nós somos Seus servos.

Quanto mais se torna claro este conceito, mais nos
aproximamos da liberação. A liberação implica o livrar-
se de todos os conceitos falsos. Não se deve pensar que
quando alguém se libera, adquire dez mãos. No *Śrīmad-
Bhāgavatam*, a liberação é definida como *muktir hitvānyathā-
rūpam*. *Mukti* significa "abandonar", e *anyathā-rūpam*
denota uma falsa concepção de vida. Isto significa que
quando nos situamos em nossa posição constitucional
original, tendo abandonado todas as noções falsas, estamos liberados. Também se diz no *Bhāgavatam* que,
através da aquisição de conhecimento, libertamo-nos de
imediato. Este conhecimento pode ser adquirido muito
facilmente, pois é simples. "Deus é grande, e eu sou pequeno. Ele é o proprietário supremo que supre tudo que
é necessário, e eu sou Seu servo." Quem pode duvidar
disto? É um fato. Nós temos apenas a falsa impressão
de que somos isto ou aquilo, e isto nos leva à falsa impressão final de que somos Deus. No entanto, não nos
detemos para analisar que tipo de Deus nós somos. Um
pequeno transtorno corporal nos levará ao médico. Por
conseguinte, subentende-se que alguém que afirma ser o
Supremo tornou-se vítima da última armadilha de *māyā*.
Aquele que está caído assim, não pode nem mesmo ser
liberado, pois está atado por falsas impressões.

Só quando alguém obtém conhecimento correto
é que pode ser liberado de fato. A etapa da liberação

nome de *brahma-bhūtaḥ*. Na *Bhagavad-*
..Kṛṣṇa descreve o que acontece quando
..cançada:

> *brahma-bhūtaḥ prasannātmā*
> *na śocati na kāṅkṣati*
>
> *samaḥ sarveṣu bhūteṣu*
> *mad-bhaktiṁ labhate parām*

"Aquele que está assim situado na transcendência, chega imediatamente ao nível de Brahman. Ele nunca se lamenta nem deseja ter nada, e tem a mesma disposição para com todas as entidades vivas. Nesse estado, ele alcança o serviço devocional puro."

A alegria que se segue à etapa da compreensão surge do fato de se compreender que "durante tanto tempo estive enganado por noções falsas. Como fui tolo! Eu pensava que era Deus, mas agora posso entender que sou servo eterno de Deus." Uma vez alcançada esta compreensão, atinge-se a liberação e o estado de *prasannātmā*, ou de júbilo, já que esta é a posição constitucional da entidade viva. Quando se alcança o estado de consciência pura, não há nenhuma lamentação, pois a pessoa sabe que é uma pequena parte, uma centelha espiritual protegida pelo Senhor Supremo. Então, que possibilidade há de lamentação? Uma criança se sente livre enquanto sabe que o pai está com ela. A criança pensa: "Meu pai está perto de mim, de modo que estou livre. Ninguém pode me fazer mal." Analogamente, quando alguém se rende a Kṛṣṇa, tem plena fé de que não está em perigo, porque Kṛṣṇa o está protegendo. Aquele que está rendido a Kṛṣṇa dessa maneira não está sujeito à lamentação nem ao desejo, ao passo que aquele que não é consciente de Kṛṣṇa simplesmente anseia e lamenta.

Ele anseia por aquilo que não possui e se lamenta por aquilo que perdeu. Uma pessoa consciente de Deus não está sujeita a este tipo de sofrimento. Se ela perde algo, entende que era o desejo de Deus e pensa: "Deus queria assim, então tudo bem." Esta pessoa não deseja nada, porque sabe que tudo que ela precisa está sendo suprido por Kṛṣṇa, o pai supremo. Ao entendermos nossa relação com Deus, experimentamos o sentimento de uma fraternidade universal, pois compreendemos que todos os homens e animais — toda a vida em si — tudo é parte do todo supremo e, no final das contas, todos são iguais. Vendo isto, despojamo-nos da inveja, não exploramos nem molestamos outras entidades vivas.

Assim, aquele que é devoto de Kṛṣṇa desenvolve automaticamente todas as boas qualidades, pois está no estado de consciência correto. *Harāv abhaktasya kuto mahad-guṇā mano-rathe-nāsati dhāvato bahiḥ*. Aquele que desenvolve consciência de Kṛṣṇa, manifesta todas as boas qualidades dos semideuses. De fato, afirma-se que *vāñchā-kalpatarubhyaś ca kṛpā-sindhubhya eva ca*: um vaiṣṇava, ou devoto de Kṛṣṇa é um oceano de misericórdia para com os demais. Ele dá à sociedade o maior dos presentes, pois ela necessita urgentemente do cultivo da consciência de Deus.

O vaiṣṇava confere o presente inigualável, o *mahā-mantra*, Hare Kṛṣṇa, Hare Kṛṣṇa, Kṛṣṇa Kṛṣṇa, Hare Hare/ Hare Rāma, Hare Rāma, Rāma Rāma, Hare Hare. Simplesmente por cantar este *mantra*, pode-se permanecer no estado liberado. Não se deve pensar, no entanto, que este estado é simplesmente um estado de transe, no qual se permanece sentado num canto em posição de lótus, por dias e dias. Não. Liberação significa servir. Não podemos simplesmente dizer: "Agora consagro minha vida a Kṛṣṇa. Vou permanecer sentado em *samādhi*." Devemos manter o nível de rendição mediante *niṣevayā*, serviço. À medida que servimos o Senhor Supremo, o Senhor Se revela dentro do coração. O programa do serviço devocional ao Senhor é executado desde a manhã até a noite. Aliás, Kṛṣṇa diz na *Bhagavad-gītā* que devemos dedicar-nos ao serviço devocional a Ele vinte e quatro horas por dia. Não se deve pensar que deve-se meditar durante quinze minutos e depois fazer todo tipo de loucuras. Quanto mais servimos, mais rendidos a Kṛṣṇa estaremos; por conseguinte, uma pessoa deve utilizar quaisquer talentos que tenha a serviço de Kṛṣṇa. Há nove processos de serviço devocional — ouvir, cantar, lembrar, servir, adorar a Deidade, orar, cumprir ordens, fazer amizade com o Senhor e sacrificar tudo por Ele — e devemos nos manter sempre ocupados em pelo menos um destes nove processos. Aquele que sempre se dedica ao serviço a Kṛṣṇa, nunca se cansa (*bhajatāṁ prīti-pūrvakam*). O serviço deve ser feito com amor, mas talvez no início seja difícil, e por isso pode ser que alguém se canse dele. No entanto, quanto mais se progride no serviço a Kṛṣṇa, mais se sente prazer. Isto é declarado por Kṛṣṇa na *Bhagavad-gītā* (18.37): "Aquilo que no começo parece veneno, mas que no final é como néctar, e que nos desperta para a autorrealização é considerado felicidade no modo da bondade."

Uma vez que se alcance o plano espiritual, o serviço material é que se torna decepcionante. Por exemplo, se alguém cantar Hare Kṛṣṇa por toda a sua vida, não se cansará, mas se cantar algum nome material por alguns dias logo se enfadará. Quanto mais cantamos os nomes de Kṛṣṇa, mais nos apegamos a Ele. Assim, o serviço através de *śravaṇam* e *kīrtanam*, ouvir e cantar sobre Kṛṣṇa, é o começo. O processo seguinte é *smaraṇam* — sempre lembrar-se de Kṛṣṇa. Alguém que se aperfeiçoa em ouvir e cantar está sempre se lembrando de Kṛṣṇa. Neste terceiro estado, ele se torna o maior de todos os *yogīs*.

O progresso no caminho da consciência de Kṛṣṇa nunca se perde. No mundo material, se alguém começa a construir uma fábrica, mas não a termina, esta é praticamente inútil. Se a construção se interrompe, e o que já estava feito fica pela metade, perde-se todo o dinheiro investido.

Isto não acontece com o processo da consciência de Kṛṣṇa, pois, ainda que não se chegue à perfeição, todo o trabalho realizado torna-se um bem permanente, podendo-se começar deste ponto na vida seguinte. Kṛṣṇa também confirma na *Bhagavad-gītā* (2.40) que aquele que dá início ao processo da consciência de Kṛṣṇa não pode perder nada: "Aquele que faz esse esforço não perde nada nem é prejudicado em absoluto, e um pequeno avanço que faça neste caminho pode salvá-lo do mais perigoso tipo de medo."

No Sexto Capítulo da *Bhagavad-gītā* (6.40), quando Arjuna pergunta sobre o que acontece com o *yogī* malogrado, Śrī Kṛṣṇa responde: "Ó filho de Pṛthā, um transcendentalista ocupado em atividades auspiciosas não se encontra com a destruição, nem neste mundo, nem no mundo espiritual. Aquele que faz o bem, Meu amigo, nunca é vencido pelo mal."

O Senhor indica, então, que o *yogī* que fracassa retoma sua prática da consciência de Kṛṣṇa em sua vida seguinte, começando do ponto onde parou. Em outras palavras, se em uma vida a pessoa realizou cinquenta e um por cento do processo, na vida seguinte, começará a partir dos cinquenta e um por cento. Entretanto, todos os bens materiais que acumulamos durante a vida são aniquilados no momento da morte, pois não podemos levar conosco a opulência material.

Não obstante, não devemos pensar que é melhor esperar a próxima vida para alcançar o estado de consciência de Kṛṣṇa. Devemos tentar cumprir a missão do processo da consciência de Kṛṣṇa nesta vida. Kṛṣṇa nos promete que aquele que se tornar Seu devoto irá a Ele sem falta. "Pensa sempre em Mim e converta-se em Meu devoto. Adore-Me e ofereça-Me sua homenagem. Dessa maneira, você com certeza virá a Mim. Eu lhe prometo isso, pois você é Meu amigo muito querido." (Bg. 18.65)

Quando pensamos em ir a Kṛṣṇa, não devemos pensar que vamos estar parados diante de um vazio enorme, ou de uma brilhante luz impessoal. Kṛṣṇa, Deus, é uma pessoa, exatamente como nós somos pessoas. Do ponto de vista material, podemos entender que nosso pai é uma pessoa, que o seu pai é uma pessoa, que o pai do seu pai é uma pessoa, e assim sucessivamente, até chegar ao pai supremo, que também tem de ser uma pessoa. Isto não é algo muito difícil de entender, e é digno de nota o fato de que Deus é chamado de pai supremo não somente nos *Vedas*, mas também na Bíblia, no Alcorão e em outras escrituras. O *Vedānta-sūtra* também confirma o fato de que a Verdade Absoluta é o pai original de quem tudo nasce ou emana. Isto também é confirmado nos *Vedas*.

nityo nityānāṁ cetanaś cetanānām
eko bahūnāṁ yo vidadhāti kāmān

"O Senhor é o eterno supremo entre todos os eternos, e também a entidade viva suprema entre todas as entidades vivas. Ele mantém todos os demais." Os desejos e sintomas de vida manifestos pelas entidades vivas são apenas reflexos dos desejos e sintomas do pai supremo. Em outras palavras, os desejos nascem porque Ele tem desejos. Como somos partes integrantes de Deus, temos todos os instintos de Deus em quantidade ínfima. A vida sexual que vemos neste mundo material não passa de um reflexo pervertido do amor que existe no mundo espiritual. Este mundo é material porque aqui nos esquecemos de Deus, mas, tão logo nos lembremos dEle, o mundo deixa de ser material e passa a ser espiritual. Em outras palavras, o mundo espiritual é Vṛndāvana, a morada de Kṛṣṇa, aquele lugar onde Kṛṣṇa não é esquecido. Esta também é a descrição do mundo espiritual que se encontra nas escrituras védicas. Por conseguinte, devemos planejar nossa vida de tal modo que não nos seja possível esquecer Kṛṣṇa, nem por um momento. Desta maneira, por nos dedicarmos ao serviço a Kṛṣṇa, sempre viveremos em Vaikuṇṭha ou em Vṛndāvana, a morada de Kṛṣṇa.

Atualmente, devido à nossa consciência contaminada, estamos convertendo o mundo num lugar materialista e infernal, e, por ignorarmos nossa posição constitucional, temos criado inúmeros problemas, exatamente como, em sonhos, criamos muitos problemas. Mas, na realidade, não há problema algum. Eu posso sonhar que estou no meio de uma tempestade terrível, ou que estão me perseguindo, ou que alguém está roubando meu dinheiro, ou que estou sendo devorado por um tigre, mas, na realidade, tudo isto é criação de minha mente. *Asaṅgo hy ayaṁ puruṣa iti śruteḥ*. Os *Vedas* dizem que o *puruṣa* (o *ātmā*, ou *alma*) não tem vínculo algum com todas as suas oníricas atividades materiais. Por isso, devemos nos dedicar a este processo da consciência de Kṛṣṇa, para despertarmos desta condição adormecida. Acima de todos os trabalhadores fruitivos, especuladores e *yogīs* místicos, estão os *bhaktas*, ou devotos de Kṛṣṇa. Um *bhakta* pode ser perfeitamente pacífico, ao passo que os outros não podem, pois todos têm desejos, com exceção do *bhakta*, ou aquele que tem amor puro.

Um *śuddha-bhakta* não tem desejo algum, porque fica feliz simplesmente com o serviço que presta a Kṛṣṇa. Ele não sabe, nem lhe importa saber, se Kṛṣṇa é Deus ou não; ele só quer amar a Kṛṣṇa. Tampouco lhe interessa o fato de Kṛṣṇa ser onipotente, ou o fato dEle estar presente em toda a parte.

Em Vṛndāvana, os vaqueirinhos e as *gopīs* não sabiam se Kṛṣṇa era Deus ou não, senão que simplesmente O amavam. Embora não fossem vedantistas, *yogīs* ou *karmīs*, sentiam-se felizes por serem jovens e simples aldeões que queriam ver Kṛṣṇa. Esta é uma posição sumamente elevada, denominada *sarvopādhi-vinirmuktaṁ tat-paratvena nirmalam*, ou a etapa de pureza na qual a pessoa já se libertou de todas as designações materiais. Embora os *yogīs* e *jñānīs* estejam tentando entender Deus, não estão conscientes da condição ilusória em que se encontram. *Māyā-sukhāya bharam udvahato vimūḍhān*: são ignorantes, por estarem trabalhando arduamente em busca de felicidade ilusória. Para eles não há nenhuma possibilidade de paz. Os *jñānīs*, ou especuladores, desejando livrar-se do árduo trabalho deste mundo material, rejeitam-no (*brahma satyaṁ jagan-mithyā*). Sua posição é um pouco mais elevada que a dos *karmīs*, porque os *karmīs* consideram este mundo material como o único lugar que existe. Eles dizem: "aqui eu serei feliz"; e seu *dharma*, ou religião, consiste em tentar criar uma atmosfera pacífica dentro deste mundo material. Os tolos não sabem que isto já vem sendo tentado há milhões de anos, mas nunca aconteceu, nem acontecerá. Como pode haver paz no mundo material se Kṛṣṇa, o seu próprio criador, diz que este lugar foi feito para se ter problemas e sofrimentos?

ābrahma-bhuvanāl lokāḥ
punar āvartino 'rjuna
mām upetya tu kaunteya
punar janma na vidyate

"Do planeta mais elevado deste mundo material até o mais baixo, todos são lugares de misérias onde ocorrem repetidos nascimentos e mortes." (Bg. 8.16)

Duḥkhālayam aśāśvatam: além de este mundo ser cheio de sofrimentos, também é temporário. Não podemos simplesmente concordar em continuar sofrendo os três tipos de misérias e permanecer aqui. Nem isto nos será permitido. Neste mundo, não somente haverá castigo para quem se encontrar nele, mas também, no final das contas, as pessoas ainda serão expulsas a chutes. Talvez alguém consiga obter uma conta bancária substancial, ou uma casa muito cara, esposa, filhos e tantas outras amenidades, e isto faça-o pensar que "estou vivendo mui pacificamente", mas, pode ser que qualquer dia lhe peçam: "por favor, vá embora."

"Por quê?" perguntará ele. "Esta casa é minha, e já está paga. Tenho dinheiro, emprego e responsabilidades. Por que tenho de ir embora?"

"Simplesmente vá embora. Não diga nada. Saia!"

Neste dia o homem vê Deus. "Oh! eu não acreditava em Deus", ele talvez pense. "Mas agora Deus está aqui acabando com tudo." Por isso, diz-se que as pessoas demoníacas reconhecem Kṛṣṇa como a morte, pois é neste momento que Ele lhes tira tudo.

Por que queremos ver Deus como a morte? Quando o demônio Hiraṇyakaśipu viu Kṛṣṇa, viu-O como a morte personificada, mas o devoto Prahlāda O viu sob Sua forma pessoal, como o seu Senhor querido. Aqueles que desafiarem Deus, O verão em Seu aspecto aterrador, mas aqueles que se dedicam a Ele, O verão em Sua forma pessoal. Seja qual for o caso, no final das contas todos verão Deus.

Uma pessoa honesta pode ver Kṛṣṇa sempre e em todas as partes. Kṛṣṇa diz: "Procure compreender-Me. Tente ver-Me em toda a parte." A fim de facilitar este método, o Senhor diz que *raso 'ham apsu kaunteya*: "Eu sou o sabor da água."

Quando temos sede e queremos um copo d'água, podemos tomá-lo e nos sentir felizes, compreendendo que a capacidade que a água tem de saciar nossa sede é Kṛṣṇa. Do mesmo modo, assim que vemos a luz do Sol ou da Lua, podemos ver Kṛṣṇa, pois Ele diz que *prabhāsmi śaśi sūryayoḥ*: "Eu sou o Sol e a Lua." Num estado mais avançado, podemos ver Kṛṣṇa como a força vital que se encontra dentro de tudo, como Ele declara na *Bhagavad-gītā* (7.9): "Eu sou o aroma original da terra, e sou a luz do fogo. Eu sou a vida de tudo que vive e as penitências de todos os ascetas." Uma vez que entendamos que todas as coisas dependem de Kṛṣṇa para sua existência, não haverá nenhuma possibilidade de O perdermos em momento algum. Na *Bhagavad-gītā* (7.6-7), o Senhor indica que todas as coisas existem nEle tanto em seu começo quanto em seu final, como também no estado intermediário. "Eu sou a origem e a dissolução de tudo que é material e espiritual. Ó conquistador de riquezas, Arjuna, não existe verdade superior a Mim. Tudo repousa em Mim, como pérolas ensartadas em um cordão."

Kṛṣṇa é facilmente visível, mas só para aqueles que se consagram a Ele. Para os invejosos, ignorantes ou destituídos de inteligência, Ele Se cobre com Seu véu de *māyā*:

> *nāhaṁ prakāśaḥ sarvasya*
> *yoga-māyā-samāvṛtaḥ*
> *mūḍho 'yaṁ nābhijānāti*
> *loko mām ajam avyayam*

"Eu nunca Me manifesto para os tolos e menos inteligentes. Para eles estou coberto por Minha potência criadora eterna [*māyā*], e o mundo iludido não conhece a Mim, o não-nascido e infalível."

Esta potência criadora eterna, ou *yogamāyā*, que oculta Kṛṣṇa ante os olhos dos poucos inteligentes, é dissolvida através do amor. Este é o veredicto do *Brahma-saṁhitā*: "Alguém que tenha desenvolvido amor por Kṛṣṇa pode vê-lO dentro de seu coração vinte e quatro horas por dia."

Aqueles que vêem Kṛṣṇa dessa maneira não se angustiam, porque sabem para onde irão no momento da morte. Aquele que recebeu este presente, a consciência de Kṛṣṇa, sabe que não terá de voltar a este mundo material para receber outro corpo, senão que irá ao encontro de Kṛṣṇa. Não é possível ir para onde Kṛṣṇa está a menos que se tenha obtido um corpo como o de Kṛṣṇa, um corpo *sac-cid-ānanda-vigraha*, pleno de eternidade, conhecimento e bem-aventurança. Uma pessoa não pode entrar no fogo sem morrer, a menos que se torne fogo. Analogamente, não podemos entrar no mundo espiritual com um corpo que não seja espiritual. Com um corpo espiritual, pode-se dançar com Kṛṣṇa na dança da *rāsa*, como as *gopīs* e os vaqueirinhos. Esta não é uma dança comum, mas sim uma dança da eternidade, na companhia da Suprema Personalidade de Deus. Só aqueles que se purificaram em seu amor por Kṛṣṇa podem participar desta dança. Por conseguinte, não devemos considerar este processo da consciência de Kṛṣṇa algo barato, mas sim um presente inigualável que o próprio Senhor tem oferecido à humanidade sofredora. Simplesmente por nos dedicarmos a este processo, todas as ansiedades e temores de nossa vida, que na realidade giram em torno do temor à morte, serão dissipados.

Sobre o Autor

⚜

Sua Divina Graça
A.C. Bhaktivedanta
Swami Prabhupāda

Sua Divina Graça A.C. Bhaktivedanta Swami Prabhupāda (1896-1977) nasceu em Calcutá, Índia. Ele encontrou-se pela primeira vez com seu mestre espiritual, Śrīla Bhaktisiddhanta Sarasvatī Gosvāmī, em Calcutá, no ano de 1922. Bhaktisiddhanta Sarasvatī, um proeminente erudito devocional e fundador de sessenta e quatro Gauḍīya Maṭhas (institutos propagadores da sabedoria védica), agradou-se desse jovem instruído e convenceu-o a dedicar sua vida a ensinar o conhecimento védico. Śrīla Prabhupāda tornou-se seu discípulo e, onze anos mais tarde, em Allahabad, tornou-se seu discípulo iniciado em caráter formal.

No primeiro encontro que tiveram em 1922, Śrīla Bhaktisiddhanta Sarasvatī Ṭhakura pediu que Śrīla Prabhupāda difundisse o conhecimento védico em língua inglesa. Nos anos que se seguiram, Śrīla Prabhupāda escreveu um comentário sobre o *Bhagavad-gītā*, ajudou a Gauḍīya Maṭha em seu trabalho e, em 1944, em iniciativa própria, deu início a uma revista quinzenal em inglês, pessoalmente redigindo-a, datilografando os manuscritos e revisando as provas. Ele próprio distribuía os exemplares gratuitamente e esforçava-se para manter a publicação. Desde então, a revista chamada *Volta ao Supremo* continua sendo publicada sem interrupção, atualmente em diversas línguas.

Reconhecendo a erudição filosófica e a devoção de Śrīla Prabhupāda, a Sociedade Gauḍīyā-Vaiṣṇava honrou-o em 1947 com o título "Bhaktivedanta". Em 1950, aos 54 anos de idade, Śrīla Prabhupāda deixou a vida de casado, adotando a ordem de vida retirada (*vānaprastha*) a fim de dedicar mais tempo a seus estudos e escritos. Śrīla Prabhupāda mudou-se para a cidade santa de Vṛndāvana, onde viveu de maneira humilde no templo medieval e histórico Rādhā-Dāmodara. Dedicou-se ali durante vários anos a estudar e escrever com grande afinco. Aceitou a ordem de vida renunciada (*sannyāsa*) em 1959. No templo de Rādhā-Dāmodara, Śrīla Prabhupāda começou a trabalhar na obra-prima de sua vida: uma tradução em muitos volumes, com comentários, dos dezoito mil versos do *Śrīmad-Bhāgavatam*, também conhecido como *Bhāgavata-Purāṇa*. Foi quando escreveu também seu clássico *Fácil Viagem a Outros Planetas*.

Após publicar três volumes do *Śrīmad-Bhāgavatam*, Śrīla Prabhupāda foi para os Estados Unidos, em 1965, de maneira a cumprir a missão de seu mestre espiritual. Quando chegou pela primeira vez à cidade de Nova Iorque em um navio de carga, Śrīla Prabhupāda não tinha praticamente nenhum recurso financeiro. Foi somente após quase um ano de muitas dificuldades que fundou a Sociedade Internacional para a Consciência de Krishna (ISKCON) em julho de 1966. Antes de deixar este mundo no dia 14 de novembro de 1977, orientou sua Sociedade e viu a mesma desenvolver-se em uma confederação mundial com mais de cem *āśramas*, escolas, templos, institutos e comunidades rurais.

Em 1968, Śrīla Prabhupāda criou a New Vrindaban, uma comunidade védica experimental nas montanhas da Virgínia Ocidental, Estados Unidos. Inspirados pelo sucesso de New Vrindaban, que se tornou uma florescente comunidade rural de quase mil hectares, seus estudantes, desde então, fundaram muitas comunidades similares em todo o mundo, cinco no território brasileiro.

Em 1972, Sua Divina Graça introduziu no ocidente o sistema védico de ensino fundamental e médio ao inaugurar a escola Gurukula em Dallas, no estado norte-americano do Texas. Seguindo o mesmo modelo, seus discípulos estabeleceram escolas infantis em todo o mundo.

Śrīla Prabhupāda também inspirou a construção de vários centros culturais monumentais na Índia. O centro de Māyāpur, na Bengala Oeste, é o local reservado para a construção de uma cidade centrada na vida espiritual; um projeto ambicioso, já em andamento, que se estenderá por várias décadas. Em Vṛndāvana, há o magnífico templo de Kṛṣṇa-Balarāma e um confortável hotel internacional, bem como um memorial e um museu dedicados a Śrīla Prabhupāda. Existe também um pomposo centro em Bombaim. Nova Delhi recentemente inaugurou um enorme complexo com centro cultural, pousada e um templo magnífico. Em Manipur, o templo é belíssimo, e, adjacente a ele, a Sociedade oferece uma das melhores escolas da região. Há ainda muitos outros grandes projetos espalhados por todo o mundo, todos concebidos através da inspiração de Śrīla Prabhupāda.

A contribuição mais significativa de Śrīla Prabhupāda, no entanto, são seus livros. Altamente respeitados pela comunidade acadêmica, dada a sua autoridade, profundidade e clareza, esses livros são adotados como livros didáticos normativos em numerosos cursos universitários. Os escritos de Śrīla Prabhupāda já foram traduzidos para mais de 70 línguas. Estabelecida em 1972 para publicar as obras de Sua Divina Graça, a *Bhaktivedanta Book Trust* (BBT) tornou-se a maior editora mundial de livros no campo da religião e da filosofia indianas. Ao longo de sua vida, Sua Divina Graça escreveu um total de mais de sessenta volumes de traduções, comentários e estudos sumários autorizados sobre os clássicos filosófico-religiosos da Índia, entre os quais se destacam o *Bhagavad-gītā Como Ele É*, o já mencionado *Śrīmad-Bhāgavatam*, *Śrī Caitanya-caritāmṛta*, *O Néctar da Devoção*, *O Néctar da Instrução*, *Śrī Īśopaniṣad* e um romance em prosa com os passatempos de Kṛṣṇa intitulado *Kṛṣṇa, A Suprema Personalidade de Deus*.

Em apenas doze anos, apesar de sua idade avançada, Śrīla Prabhupāda viajou pelo mundo quatorze vezes, dando conferências sobre a consciência de Kṛṣṇa e ajudando seus discípulos na administração da Sociedade e no fomento de novos projetos. Apesar de suas constantes viagens, Śrīla Prabhupāda sempre escreveu prolificamente, e suas obras constituem verdadeira biblioteca de filosofia, religião, literatura e cultura védicas.

Após sua partida deste mundo, em novembro de 1977, na cidade sagrada de Vṛndāvana, seus muitos discípulos e seguidores dão integral continuidade à sua obra. O departamento da ISKCON nomeado *Bhaktivedanta Archives* é o arquivamento oficial dos registros históricos de Śrīla Prabhupāda e das obras compostas sobre ele ou que abordam o saber de seus livros. Seu propósito primário é reunir, preservar e permitir a disseminação de seus ensinamentos, em texto, áudio e imagem, para seus seguidores, estudiosos e outros interessados em cultura e aprimoramento pessoal. Atualmente, a *Bhaktivedanta Archives* disponibiliza através de sua plataforma *VedaBase* todos os livros de Śrīla Prabhupāda, quase 2000 palestras de Sua Divina Graça, mais de 1200 gravações de diálogos com discípulos, autoridades religiosas e eruditos de diversas esferas, e mais de 6000 cartas. Disponibiliza ainda artigos, obras biográficas, críticas literárias a seus livros e outros suplementos.

Cante:

Hare Kṛṣṇa Hare Kṛṣṇa

Kṛṣṇa Kṛṣṇa Hare Hare

Hare Rāma Hare Rāma

Rāma Rāma Hare Hare

e seja feliz.

Veja todos os endereços de templos,
comunidades e centros de estudos
da ISKCON no Brasil e faça-nos uma visita:

www.bbt.org.br/templo